हिंदी की प्रकृति और शुद्ध प्रयोग

हिंदी की प्रकृति और शुद्ध प्रयोग

डॉ. ब्रजमोहन

वाणी प्रकाशन
नई दिल्ली-110002

वाणी प्रकाशन का 'लोगो'
विख्यात चित्रकार मक़बूल फ़िदा हुसेन की
कूची से

ISBN : 81-7055-174-9

वाणी प्रकाशन
21-ए, दरियागंज, नयी दिल्ली-110002
द्वारा प्रकाशित
फोन : 0091#11#23273167, 23275710
फैक्स : 0091#11#23275710
ई-मेल : vaniprakashan@gmail.com
vani_prakashan@yahoo.com

प्रथम संस्करण : 2002
आवृत्ति : 2009

मूल्य : 200.00

आर. टेक ऑफसेट प्रिंटर्स, दिलशाद गार्डन
दिल्ली-95, द्वारा मुद्रित

HINDI KI PRAKRITI AUR
SHUDDHA PRAYOG
by : Dr. Brajmohan

विषय-सूची

प्रस्तावना

किसी भाषा में आनेवाले 'विकार' ही उसकी विकास-यात्रा के पड़ाव निर्धारित करते हैं। समय, स्थान और कार्य-विधि ही इसके निर्णायक तत्त्व हैं। इन सभी का मूलाधार है–'मनुष्य', जो कि एक सामाजिक प्राणी है।

प्रकृति का वह अदम्य साहसी जीव 'मनुष्य', जो वन मानव से सभ्य मानव और एक सूझ-बूझ वाला इंसान बना है। मानव के विचारों को वहन करने वाली 'भाषा' व्यक्ति-विशेष के चिंतन शक्ति एवं लेखन प्रणाली द्वारा अपनी 'प्रकृति' को विविध परिस्थितियों तथा अनेकरूप वातावरण में सिंगारती-सँवारती है। हिंदी की प्रकृति की रामकहानी भी इसी अजस्र प्रवाह की एक वेगवती धारा है।

हिंदी भाषा की प्रकृति के इसी बनते-सँवरते रूप को हमने अपने बुद्धि-विवेक से बोधगम्य करवाने का यथासंभव प्रयास किया है। हम अपने पूर्ववर्ती और समकालीन भाषाविदों के प्रति आभारी हैं, जिनके भाषा विषयक सिद्धांत हमारा मार्गदर्शन करते रहे हैं।

ब्रजमोहन
नवरत्न कपूर

बलों की संचारशीलता

जो लोग शतरंज खेलते हैं, वे जानते हैं कि उसमें दो घोड़े होते हैं जिनकी चाल और सब मुहरों से विचित्र होती है। यदि किसी मुहरे—फ़ील, मन्त्री या रुख़—के मार्ग में विरोध पक्ष का कोई मुहरा पड़ जाएगा तो या तो वह उसे मारकर आगे निकल जाएगा या स्वयं रुककर खड़ा हो जाएगा। किंतु घोड़े के लिए यह आवश्यक नहीं है। वह विरोध पक्ष के मुहरे को छलाँग मारकर आगे निकल जाएगा। यों कहना चाहिए कि वह अपने मार्ग में किसी भी बाधा को स्वीकार नहीं करता।

पृथ्वी अपने ऊपर की प्रत्येक वस्तु को अपनी ओर खींचती है। उक्त शक्ति को 'गुरुत्व-शक्ति' कहते हैं। यदि हम हाथ से कोई गेंद ऊपर की ओर फेंकें तो वह लौटकर पृथ्वी पर आ गिरेगी। यदि हम मैदान में कोई मेज़ रख दें और गेंद को इस प्रकार फेंकें कि वह मेज़ की दिशा में लौटे, तो वह मेज़ पर आ गिरेगी। मेज़ गुरुत्व के आकर्षण को रोक नहीं सकेगी।

हम भले ही रेल में जा रहे हों, चाहे पेड़ पर बैठे हों या वायुयान में उड़ रहे हों, प्रत्येक दशा में गुरुत्व-शक्ति के अधीन रहेंगे। यह बात दूसरी है कि हम गुरुत्व-शक्ति को सक्रिय रूप से खुल-खेलने न दें। कुछ लोग एक फुहारे को ज़ोर से चला देते हैं और ऊपर की ओर एक गेंद उछाल देते हैं। गेंद ऊपर से लौट कर फुहारे की धार पर आ गिरती है। फुहारे की धारें उसे पृथ्वी तक आने नहीं देतीं। गेंद फुहारे की धारों के बीच में अठखेलियाँ करती रहती है। यों कहना चाहिए कि गेंद धारों में ऊपर ही ऊपर टँगी रहती है। परंतु हम यह नहीं कह सकते कि गेंद पर गुरुत्वाकर्षण काम नहीं कर रहा है। वह काम तो कर रहा है, किंतु हम अपने छल-बल से उसे रोके रहते हैं।

जब वायुयान हवा में उड़ता है, तब भी उस पर गुरुत्व-शक्ति तो काम करती है। वह गुरुत्व-शक्ति से बँधा रहता है छिटक कर अलग नहीं जा सकता। हम अपने कृत्रिम इंजन चलाकर उसे सक्रिय रूप में काम नहीं करने देते। यदि वायुयान के

इंजन बंद हो जाएँ तो यान पृथ्वी पर गिर पड़ेगा।

आइए, हम मेज़ वाले दृष्टान्त पर फिर से विचार करें। क्या हम यह कह सकते हैं कि पृथ्वी की गुरुत्व-शक्ति मेज़ में आ जाती है और जैसे गेंद को पृथ्वी अपनी ओर खींच लेती है, उसी प्रकार मेज़ भी खींच लेती है। इसके बदले क्या यह कहना अधिक अच्छा न होगा कि पृथ्वी की शक्ति मेज़ के माध्यम से भी काम करती है। या यों कहिए कि पृथ्वी मेज़ की बाधा की उपेक्षा कर देती है और अपना काम निर्विघ्न रूप में करती रहती है।

एक रोचक उदाहरण है : चकमक, काग़ज़ और निब का। हम जानते हैं कि चकमक पत्थर लोहे को अपनी ओर खींचता है। अतः वह लोहे की निब को तो खींच ही लेगा।

अब एक काग़ज़ की एक ओर चकमक पत्थर लगाइए और दूसरी ओर निब को रखिए। निब चकमक की दिशा में खिंचती चली आएगी। इसका अर्थ यह हुआ कि चकमक की आकर्षण-शक्ति काग़ज़ के माध्यम में से भी काम करती है।

इतना ही नहीं, यदि किसी लोहे के टुकड़े को चकमक पर घिसें तो थोड़ी देर के लिए उसमें भी आकर्षण-शक्ति आ जाएगी और वह लोहे के छोटे टुकड़ों को अपनी ओर खींचने लगेगा। इतना अवश्य है कि उसमें यह शक्ति थोड़ी ही देर रहेगी।

चकमक का यह गुण बलों की संचारशीलता कहलाती है।

हम एक बड़े पत्थर पर एक छोटा पत्थर रखें और फिर छोटे पत्थर पर हथौड़ी से चोट करें तो उस चोट का धमाका बड़े पत्थर पर भी पहुँच जाएगा। यदि हथौड़ा काफ़ी मज़बूत हो और चोट भी तगड़ी पड़े तो संभव है कि वह बड़े पत्थर के ऊपरी पृष्ठ पर दरार डाल दे। इस बात की भी संभावना है कि बड़े पत्थर के निचले स्तर पर भी चोट का प्रभाव हो जाए। इसी प्रकार हम एक-एक करके कई पत्थर एक दूसरे के ऊपर रखते जाएँ तो भी संभव है कि चोट सबसे निचले पत्थर की नीचे की सतह पर पहुँच जाए।

कुछ वर्ष पहले की बात है, 'चसनाला त्रासदी' हुई थी। कोयले की एक खान के अंदर पानी भर गया था। उसमें पत्थरों की एक लंबी पंक्ति बन गई, जिसके अंत में कोयले की दीवार थी। पानी की मार इतनी तगड़ी थी कि उसने कुछ समय पश्चात् कोयले की दीवार को तोड़ दिया और वह बाहर निकल आई। पूरी खान में पानी फैल गया और सैकड़ों कार्यकर्ता उसमें डूब कर मर गए। कहते हैं कि यदि पत्थरों की पंक्ति लगभग सात मीटर लंबी हो तब भी पानी की मार उसे तोड़कर दूसरी ओर निकल जाएगी।

भौतिकी के विद्यार्थी जानते हैं कि यदि बंदूक की नली में मोमबत्ती जैसी मुलायम वस्तु भर कर उसका घोड़ा (Trigger) दबा दिया जाए तो वह मोटे से मोटे शीशे को भी छलनी-छलनी कर देगी।

शर्लक होम्स की एक कहानी में इस तथ्य का उल्लेख हुआ है कि कुछ लोग एक मकान के दरवाज़े को तोड़ रहे थे। उसके ऊपर रंभे से मार की जा रही थी। जब काफ़ी चोट पड़ चुकी तो दरवाज़ा टूट गया और उसी समय मकान के अंदर से एक घड़ी के टनटन की आवाज़ सुनाई पड़ी। उसमें ठीक आठ बजे थे।

जो लोग दरवाज़ा तोड़ रहे थे, उन्हें अत्यंत आश्चर्य हुआ कि घड़ी कैसे बजी; क्योंकि मकान तो बीस वर्ष से बंद पड़ा था। और जो घड़ी उसमें थी, वह भी बीस वर्ष से बंद थी। फिर इतने वर्ष बाद घंटे कैसे बजे।

ये लोग डरते-डरते मकान के अंदर गए। जाकर देखा कि हॉल के अंदर एक बड़ी घड़ी लटक रही थी। उसके भीतर एक टॉर्च पड़ी हुई थी। उक्त टॉर्च को किसी ने घड़ी के लंगर (pendulum) से अड़ा दिया था। मालूम होता है कि बीस साल पहले कोई व्यक्ति उस हॉल के अंदर कोई अवांछनीय काम कर रहा था। इतने में ही कोई आइट हुई। घंटा बजने ही वाला था। उसने आव देखा न ताव अपने हाथ की टॉर्च को घंटे से अड़ा दिया ताकि आवाज़ रुक जाए।

अब बीस वर्ष बाद जब किसी ने बाहर के दरवाज़े पर चोटें मारीं तो उनकी धमक सारे हॉल में फैल गई। वही धमक घड़ी तक भी पहुँची, जिसके कारण टॉर्च लंगर से अलग हो गई और घड़ी टनटन करने लगी।

प्रयोगात्मक भौतिकी के प्रोफ़ेसर एक प्रयोग किया करते हैं, जिसमें बिल्कुल बराबर की लंबाई और मोटाई के दो तार लेकर एक-दूसरे से थोड़ी-सी दूरी पर समानान्तर दिशाओं में बाँध देते हैं। फिर एक कमान लेकर उससे एक तार को बजाते हैं। यदि उसे ठीक ढंग से बजाया जाए तो थोड़ी देर में दूसरे तार में से भी उसी ढंग की आवाज़ आप से आप निकलने लगती है।

एक तथ्य तो हमारा अपना देखा-परखा है। एक वायलिन वादक कमान से काफ़ी देर तक वायलिन बजाता रहा। कुछ देर बाद वह कमान को वायलिन के तार से हटाकर थोड़ा ऊपर करके उसे उसी प्रकार फेरने लगा मानो वह वायलिन ही बजा रहा हो। उक्त वादक कमान को हवा में ही फेरता रहा, परंतु वायलिन का तार आप से आप बजता रहा। वादक ने श्रोताओं में से कई एक को बुलाया और उन्हें दिखाया कि कमान का तार वायलिन के तार को छू भी नहीं रहा था। किंतु तार फिर भी बज रहा था। ऐसा तभी होता है जब दोनों तारों की कंपन-तरंगें बिल्कुल एक-सी हो जाएँ।

किंवदंती है कि सम्राट् अकबर के दरबार में संगीतज्ञ तानसेन बड़ा पारखी था। जब वह पहले पहल अकबर के दरबार में नौकरी की तलाश में पहुँचा तो बादशाह ने उसकी परीक्षा लेनी चाही। अकबर ने तानसेन से कहा कि पहले तुम हमारे संगीतज्ञों की बानगी देख लो। संकेत मिलने पर वाद्यकार अपने-अपने बाजे बजाने लगे। कुछ क्षण तक स्वरयंत्रों की आवाज़ सुनने के बाद तानसेन ने बादशाह को बताया आपके

तबलची के बाएँ हाथ का अंगूठा नक़ली है। यह बात सुनकर अकबर आग बगूला हो गया।

उसने कहा—"अगर तुम्हारी बात सच न हुई तो तुम्हें मृत्युदंड दिया जाएगा।"

तानसेन ने उत्तर दिया—"हुज़ूर! मुझे यह भी मंज़ूर है।"

अकबर ने तबलची को अपने आसन के पास बुलाया। वह काँपता हुआ आया और डर के मारे खड़ा का खड़ा रह गया। उसके अँगूठे पर पट्टी बँधी हुई थी। उसे खुलवाने पर पता चला कि उसका एक अंश कटा हुआ था।

सम्राट् तानसेन की प्रतिभा से बहुत प्रभावित हुआ और उसे अपने दरबारी संगीतज्ञों में उच्चस्थान दे दिया। फिर बादशाह ने उससे कहा कि तुम अपनी संगीत कला का प्रदर्शन करो। तुम जिन-जिन वाद्यों को बजवाना चाहो, उन्हीं के वाद्यकारों को बजाने की आज्ञा दो। तानसेन ने कहा—"मुझे किसी भी वाद्यकार की आवश्यकता नहीं है। यदि मेरे स्वर ठीक पड़ेंगे तो वाद्य आप से आप बजने लगेंगे।"

ऐसा ही हुआ। तानसेन ने गाना आरंभ किया। कुछ क्षणों में ही वाद्य स्वतः बजने लगे। सभी दरबारी स्तंभित रह गए। उसी दिन से तानसेन को सम्राट् अकबर के नवरत्नों में स्थान मिल गया।

इसी से मिलता-जुलता एक सिद्धांत है—बलों का संतुलन। इसी के आधार पर तराजू बने हैं। किसी तराजू में यदि एक पलड़े पर भारी बाट रख दें और दूसरे में कम भार की कोई वस्तु धरी हुई हो तो तराजू की डंडी टेढ़ी हो जाएगी। तब हम कम भारवाले पलड़े में कुछ और बोझ रख देंगे। जब दोनों पलड़ों में भार बराबर या लगभग बराबर हो जाएँगे तो डंडी सीधी हो जाएगी। यह सिद्धांत तो बहुत ही सामान्य है और हम सब लोग अपने जीवन में इसका नित्य ही प्रयोग करते रहते हैं।

सर्कस में एक तार ज़मीन से कुछ ऊपर दोनों किनारों पर मज़बूती से बाँध दिया जाता है। एक नट हाथ में लाठी या छतरी लेकर ऊपर चढ़ जाता है और तार पर चलने लगता है। जब नट का एक ओर का बोझ बढ़ जाता है तो वह गिरने को होता है। किंतु वह तुरंत अपनी लाठी को दूसरी ओर बढ़ा देता है। इस प्रकार नट और लाठी का बोझ दोनों ओर प्रायः बराबर-बराबर हो जाते हैं। फलतः वह गिरने से बच जाता है। यही तमाशा बराबर चलता रहता है। और लाठी की सहायता से नट अपना संतुलन बनाए रखता है तथा तार के एक सिरे से दूसरे सिरे तक धीरे-धीरे पहुँच जाता है।

पेड़ में भी कुछ शाखाएँ दाहिनी ओर निकलती हैं और कुछ बाईं ओर। वे आकार-प्रकार में इस रूप में बढ़ती हैं कि पेड़ के दोनों ओर का संतुलन बना रहता है। यह संतुलन प्रकृति स्वयं बनाए रहती है। यदि हम पेड़ की किसी ओर की कोई मोटी डाल काट दें तो दूसरी ओर की भी कोई डाल टूटकर गिर पड़ेगी। यह भी

संतुलन सिद्धांत का ही एक रूप है।

एक पौराणिक कथा लीजिए। एक बार ऋषि विश्वामित्र कुपित हो गए। वे चाहते थे कि उनका एक भक्त शरीर सहित स्वर्ग पहुँच जाए। यह प्रस्ताव स्वर्ग के निवासियों को स्वीकार न था। तब विश्वामित्र ने घोषणा कर दी कि वह एक नए स्वर्ग का निर्माण करेगा। इस पर सभी देवताओं में खलबली मच गई। उन्होंने कहा कि इस प्रकार तो स्वर्ग का संतुलन ही बिगड़ जाएगा। जब विश्वामित्र किसी भी तरह न माने तो देवराज इंद्र ने उनका तप भंग करने के लिए अप्सरा मेनका को भेजा। उसने विश्वामित्र का तप भंग कर दिया और इस प्रकार सृष्टि का संतुलन बिगड़ने न पाया।

विज्ञान के सभी विद्यार्थी जानते हैं कि नल में पानी किस तरह पहुँचता है। यदि हम एक मुड़ी हुई नली लें और उसके एक सिरे से थोड़ा-सा पानी डालें तो वह नली की दूसरी शाखा में केवल इतने ऊपर चढ़ेगा कि दोनों शाखाओं में पानी एक ही स्तर पर रहे। हम नली को जितना चाहे ऊपर करें, किंतु दोनों शाखाओं का पानी एक ही स्तर बनाए रखेगा।

सजीव और निर्जीव जगत्

ईश्वरीय-सत्ता और प्रकृति

हिंदुत्व एक बहुदेववादी धर्म कहलाता है। इसमें 33 करोड़ देवताओं की मान्यता है। परंतु ऐसे कितने लोग हैं, जो इस बात पर विचार करते हैं कि इस उक्ति में 'देवता' शब्द का क्या अर्थ है?

10 घड़े लीजिए। उनमें से प्रत्येक में लगभग आधे भाग में पानी भर दीजिए। अब उन घड़ों को धूप में रख दीजिए। प्रत्येक घड़े में आपको एक सूर्य दिखाई देगा। क्या वे 10 सूर्य हैं? नहीं, वरन् प्रत्येक में सूर्य का एक बिंब है।

हम देखते हैं कि प्रतिदिन सूर्य एक निश्चित दिशा में निकलता है, और उसकी सम्मुख दिशा में डूबता है। इसी प्रकार पेड़-पौधे नियमानुसार उगते हैं और नियमानुसार ही बढ़ते हैं। पेड़ों के पत्ते पतझड़ के मौसम में ही झड़ते हैं, और तत्पश्चात् उनमें नए पत्ते निकलते हैं। इस प्रकार प्रकृति के प्रायः सभी काम किसी नियम के अधीन ही होते हैं। अतः हम यह कल्पना करते हैं कि सृष्टि के पीछे कोई नियंता है, जो उसके सारे अवयवों को खिलौने की तरह चलाता है। इसी बात को हम इस तरह भी कह सकते हैं कि सृष्टि के प्रत्येक अंग के पीछे कोई ऐसी शक्ति है, जिसे हम 'ईश्वर' कहते हैं। या यों कहिए कि स्थावर तथा जंगम—जो भी वस्तुएँ हमें दिखाई देती हैं, उन सभी के पीछे ईश्वर का बिंब है। उक्त बिंब को चाहे आप ईश्वर का अंश कहें या 'देवता'—इससे कोई अंतर नहीं पड़ता। किसी कवि का कथन है :

हरेक पत्ता, क्या डाली-डाली, सभी में तुम हो, सभी में तुम हो।
तुम्हारी सत्ता से क्या है ख़ाली, सभी में तुम हो, सभी में तुम हो।

अथवा यों कहिए कि

जिसमें तेरा नहीं विकास, ऐसा कोई फूल नहीं।

कभी-कभी हम बेजान अथवा जड़ वस्तुओं पर ऐसे विशेषण आरोपित कर देते हैं, जैसे जीवित प्राणियों पर प्रयुक्त होते हैं; उदाहरणार्थ हँसता हुआ मकान, रोता हुआ खँडहर, जागृत मंदिर। जयशंकर प्रसाद की एक कहानी है–'स्वर्ग के खँडहर।' उसे पढ़कर ऐसा प्रतीत होता है मानो खँडहरों के पीछे कुछ आत्माओं का अस्तित्व हो!

यह तो है आलंकारिक भाषा का प्रयोग। परंतु अब हम वास्तविकता के क्षेत्र में पहुँचते हैं। हम जानते हैं कि जगत् में दो प्रकार के प्राणी होते हैं; सजीव और निर्जीव। सजीव प्राणियों में परिवर्तन होता है, वृद्धि होती है, पोषाहार होता है। निर्जीव प्राणियों में ये गुण प्रायः नहीं होते। किंतु कुछ ग्रामीणों में यह विश्वास होता है कि पत्थरों में भी एक सीमा तक वृद्धि के लक्षण पाए जाते हैं। यदि आप किसी पत्थर को थोड़ा-सा छील दें तो ये लोग कहेंगे–"कुछ हर्ज नहीं है, पत्थर का यह भाग फिर उग आएगा।" किंतु यदि उसका कोई बड़ा-सा भाग काट दें तो ये लोग कहेंगे–"अब यह पत्थर मू (मर) जाएगा। अब नहीं उगेगा।"

हमने कई भौमिकिज्ञों (Geologists) से परामर्श किया है। किंतु सबने यही बताया है कि उपरिलिखित उक्ति केवल एक किंवदंती है, जो भौमिकी के तथ्यों से मेल नहीं खाती। पत्थर जैसे जड़ पदार्थों में वृद्धि हो ही नहीं सकती।

भूगोलज्ञ हमें बताते हैं कि लाखों वर्ष पहले हमारी पृथ्वी घने जंगलों से ढकी हुई थी। कालांतर में बहुत ज़ोर की आँधियाँ चलीं, बाढ़ें आईं, वर्षा हुई; जिसके कारण सारे जंगल नष्ट हो गए। ढहे हुए पेड़ कदाचित् हज़ारों वर्ष उसी प्रकार खड़े रहे। उन पर मिट्टी की नई तहें जमती चली गईं और नए पेड़ उग आए। इसी प्रकार के चक्र घटित हुए। फिर ऊपर के बोझ और पृथ्वी के अंदर की गर्मी से पेड़ कोयले में परिणत हो गए। खानों को खोदने से वही 'पत्थर का कोयला' आज हमें हस्तगत होता है। कहीं-कहीं पर ऐसे जीवाश्म भी पाए गए हैं, जिनका आधा भाग लकड़ी का है और शेष पत्थर का। ये तथ्य भी उपरिलिखित सिद्धांत की पुष्टि करते हैं।

पौराणिक और जैविक तथ्य : वैज्ञानिक निकष

'रामचरितमानस' में एक प्रसंग आता है कि भगवान् राम जब मुनि विश्वामित्र के साथ धनुष यज्ञ देखने के लिए जनकपुर जा रहे थे तो मार्ग में एक शिला पड़ी हुई थी। उसे रामजी ने पाँव से छुआ और वह स्त्री बनकर उठ बैठी। वह वास्तव में ऋषि गौतम की पत्नी अहल्या थी, जो कि शाप के वश शिला-रूप में परिणत हो गई थी।

दूसरा प्रसंग 'श्रीमद्भागवतपुराण' के अध्याय 42 में आता है। 'त्रिवक्रा' एक स्त्री थी, जिसका शरीर तीन जगह से टेढ़ा था। इसीलिए उसे 'कुब्जा' कहा जाता था। भगवान् कृष्ण ने अपने चरणों से कुब्जा के पैर के दोनों पंजे दबा लिए और

हाथ ऊँचा करके दो उँगलियाँ उसकी ठोड़ी में गढ़ा दीं। फिर उसके शरीर को तनिक उचका दिया। तुरंत उसके अंग सीधे हो गए और वह एक सुंदर स्त्री में परिणत हो गई।

जो लोग योग-आसनों के रूप में व्यायाम करते हैं, वे समझ गए होंगे कि उक्त क्रिया 2-3 आसनों का ही रूपांतर मात्र है।

उपरिलिखित दोनों उपाख्यानों में शंकाओं के लिए बहुत गुंजाइश है। परंतु हमें इनमें कोई बात असंभव दिखाई नहीं देती। पक्षाघात में मनुष्य के शरीर का कोई विशिष्ट अंग संज्ञाशून्य हो जाता है। कई प्रकार की शल्य-क्रियाओं में संज्ञाहरण (anesthesia) द्वारा शरीर का कोई विशिष्ट अंग संज्ञाशून्य कर दिया जाता है।

अब प्रश्न आता है उसके उपचार का। कुछ लोगों, विशेषकर बच्चों की कमर में एक प्रकार का दर्द उठता है, जिसे 'हुक' या 'चन्का' कहते हैं। कुछ लोगों के शरीर में यह गुण होता है कि यदि वे ऐसे रोगी की कमर में अपने पैर के अँगूठे से हल्की-सी ठोकर मार दें तो चन्का ठीक हो जाता है। यह कपोल कल्पना नहीं है। स्वानुभूत तथ्य है। बचपन में हमें कई बार चन्का पड़ा और इसी ढंग से ठीक हुआ था।

उन व्यक्तियों में ऐसी क्या विशेषता होती है, जिनकी ठोकर से चन्का ठीक हो जाता है? यह भी जन्मजात ईश्वरीय देन है। सामान्यतः जब बच्चा जन्म लेता है, तो माता के प्रजनन अंग से पहले उसका मस्तिष्क बाहर आता है और बाद में धड़ तथा पैर। किंतु कुछ लोग ऐसे होते हैं, जिनके पैर पहले प्रकट होते हैं और फिर शरीर का शेष भाग। ऐसे लोगों को 'विष्णुपाद' कहते हैं। उन्हीं की ठोकर में चन्का दूर करने का चमत्कार बसा होता है।

अब इस तथ्य के परिप्रेक्ष्य में रखकर उपर्युक्त दोनों उपाख्यानों पर विचार कीजिए। अहल्या शिला नहीं बनी थी। वह तो केवल शिला रूप में थी। इसी प्रकार कुब्जा का शरीर भी अवप्रसम (subnormal) रूप में पहुँच गया था। ऐसा शाप के कारण हुआ अथवा रोग के कारण, इस प्रसंग से हमारा वास्ता नहीं है। भगवान् राम एवं श्रीकृष्ण के हाथों या पैरों में उपयुक्त गुण रहा होगा, जो कि उन्होंने अहल्या अथवा कुब्जा को उस दशा से मुक्त कर दिया—बस इतनी-सी बात है।

हम ऊपर कह चुके हैं कि सृष्टि में दो प्रकार के प्राणी हैं : सजीव और निर्जीव। सजीव प्राणियों में मुख्यतः मनुष्य, पशु-पक्षी तथा जीव-जन्तु आते हैं। इनमें पाँच ज्ञानेंद्रियाँ और पाँच कर्मेंद्रियाँ होती हैं जिनकी सहायता से ये अपने दैनिक कार्य करते हैं। जगत् के निर्जीव सदस्यों में पत्थर, कंकड़, लकड़ी, लोहा आदि को गिना जाता है। इनमें दोनों प्रकार की इंद्रियों का प्रायः अभाव रहता है।

अब प्रश्न यह उठता है कि पेड़, पौधों, वनस्पतियों आदि को किस वर्ग में स्थान दिया जाए। सैकड़ों वर्ष तक मनुष्य यह समझते रहे हैं कि सृष्टि के ये सदस्य

निर्जीव होते हैं। इनमें देखने-सुनने की शक्ति नहीं होती। खाने, सूँघने की शक्ति नहीं होती—कम से कम उस रूप में तो नहीं होती, जिस रूप में मनुष्यों और जंतुओं में विद्यमान रहती है। परंतु आधुनिक वनस्पतिज्ञों—जिनमें जगदीशचंद्र बोस का नाम विशेष रूप से उल्लेखनीय है—ने प्रयोगों द्वारा यह सिद्ध कर दिया है कि वनस्पतियों में भी कुछ क्रियाएँ मनुष्यों और जंतुओं के समान होती हैं : इनमें परिवर्तन होता है, वृद्धि होती है, आहार-ग्रहण की शक्ति होती है। इतना ही नहीं, ये साँस भी लेते हैं। अतएव अब इनकी गिनती सजीव प्राणियों में होती है।

अरस्तू-कथित उपादान

अरस्तू ने कहा था कि किसी वस्तु के निर्माण में चार उपादानों का प्रयोग होता है :

1. द्रव्य : यदि एक मेज़ बनानी हो, उसके लिए पहला उपादान तो लकड़ी होता है। लकड़ी के बिना तो मेज़ बन ही नहीं सकती अतः लकड़ी को द्रव्य उपादान कहते हैं।

2. कर्ता : प्रत्येक वस्तु के निर्माण के लिए एक कर्ता चाहिए। मेज़ बनाने के लिए एक ऐसे बढ़ई की आवश्यकता होती है, जो उक्त काम में कुशल हो। या तो उसने स्वयं बहुत-सी मेज़ें बनाई हों और उक्त कार्य का कुछ समय तक प्रशिक्षण प्राप्त किया हो। या उसने बहुत-से कारीगरों को मेज़ बनाते देखा हो और उनसे ही यह काम सीखा हो। इसे 'योग्यता' उपादान कहते हैं; क्योंकि उसमें कर्ता की कार्यकुशलता जुड़ी रहती है।

3. रूप : यह आवश्यक है कि कर्ता ने मेज़ का आकार (Size) और आकृति (Shape) भी मन में बना ली हो। वह कितनी ऊँची होगी, उसकी टाँगें कितनी लंबी और मोटी होंगी, उसमें लकड़ी किस प्रकार की लगानी होगी इत्यादि। इसे 'रूप' उपादान कहते हैं।

जब तक रूप न होगा तब तक वांछित आकार-प्रकार की मेज़ बन ही नहीं पाएगी। बहुत-से लोग बढ़ई को मेज़ का छोटा-सा नमूना भी दे देते हैं। यह बात बनवाने वाले की सुविधा एवं रुचि पर निर्भर है कि वह नमूना लकड़ी का है अथवा काग़ज़ पर बनी मेज़ की तस्वीर।

इसी बात पर एक मज़ेदार क़िस्सा याद आ गया। किसी व्यक्ति ने निर्जन स्थान में पुस्तकों की दुकान खोल ली। दुकान का काफ़ी विज्ञापन किया गया, किंतु तीन दिन तक एक भी ग्राहक न आया। चौथे दिन एक महिला पधारी और कहा--मुझे एक पुस्तक चाहिए।

दुकानदार ने अपना भाग्य सराहा कि एक पुस्तक-प्रेमिका के दर्शन तो हुए। उसने महिला से पूछा—आपको किस प्रकार की पुस्तक चाहिए?

ग्राहिका : पुस्तक आधा इंच मोटी होनी चाहिए।

दुकानदार : किस विषय की पुस्तक आपको चाहिए।

ग्राहिका : विषय कोई भी हो।

दुकानदार चकराया। उसने सोचा कि यह विचित्र प्रकार की पुस्तक-प्रेमिका है। उसने डरते-डरते ग्राहिका से पूछा—आपको किस काम के लिए पुस्तक की ज़रूरत है?

ग्राहिका : मेरे घर पर एक मेज़ है। उसकी चार टाँगों में से एक छोटी पड़ गई है। उसका संतुलन ठीक करने के लिए उक्त टाँग के नीचे एक पुस्तक रखनी होगी।

दुकानदार ने मन में सोचा कि तीन दिन बाद तो एक पुस्तक-ग्राहिका मिली और उसे भी पुस्तक चाहिए ऐसे विचित्र उपयोग के लिए। बाद में पता चला कि जिस बढ़ई ने उस औरत की मेज़ बनाई थी, वह एकदम नौसिखिया था। उस बेचारे का दुर्भाग्य, उसे मेज़ का जो नमूना दिखाया गया था, उसकी भी एक टाँग छोटी थी।

4. **हेतु :** प्रत्येक वस्तु के निर्माण के लिए कोई न कोई हेतु चाहिए। मेज़ बनाने का हेतु होगा : पुस्तकें, समाचारपत्र, फूलदान आदि रखना। इसे 'हेतु' उपादान कहा जाएगा।

तत्त्व या उपादान : औचित्य-परीक्षण

जिस प्रकार मेज़ जैसी निर्जीव चीज़ के निर्माण में विभिन्न उपादान कार्य करते हैं, उसी प्रकार सजीव भौतिक पदार्थों की सृष्टि में भी प्राकृतिक तत्त्व अपनी भूमिका अदा करते हैं। कुछ पाश्चात्य दार्शनिकों का मत था कि विश्व के समस्त भौतिक पदार्थ चार तत्त्वों से बनते हैं : पृथ्वी, जल, तेज और वायु। भारतीय मनीषियों ने इनमें पाँचवाँ तत्त्व और जोड़ दिया, वह है 'आकाश'। 'तेज' के स्थान पर कहीं-कहीं 'अग्नि' तत्त्व का प्रयोग भी हुआ। किंतु तब भी भारत के दार्शनिकों ने तत्त्वों की गिनती पाँच ही मानी।

फिर भी एक बात का स्पष्टीकरण आवश्यक है। इस प्रसंग में 'तत्त्व' का वह अर्थ नहीं है जो कि अंग्रेज़ी के 'ऐलिमेंट्स' (Elements) का है। कारण यह है कि 'ऐलिमेंट' तो ऐसा पदार्थ होता है, जिसका सामान्य रासायनिक क्रियाओं द्वारा और विभाजन हो ही नहीं सकता।

आधुनिक विज्ञान हमें बताता है कि 'ऐलिमेंट्स' (Elements) की कुल संख्या 92 है। अतः हमें 'तत्त्व' शब्द का अर्थ कहीं और ढूँढ़ना पड़ेगा। हमने विज्ञान के कई आचार्यों से यही प्रश्न किया। सभी का यही उत्तर था कि उनके विचार में 'तत्त्व' का कोई अर्थ यहाँ ठीक नहीं बैठता।

हमारा विचार है कि यदि इस प्रसंग में तत्त्व का **अर्थ 'उपादान'** लिया जाए

तो अनुचित न होगा। अब एक जिज्ञासा यह उत्पन्न होती है कि उपर्युक्त उपादानों में से चार तो भौतिक पदार्थ हैं। पाँचवाँ रहा 'आकाश', जो कि भौतिक पदार्थ नहीं है। तब 'आकाश' किसी वस्तु के निर्माण में उपादान का काम कैसे करेगा?

आइए, अब जिज्ञासा-तृप्ति के लिए इस शब्द पर विभिन्न दृष्टिकोणों से विचार करें।

भाषागत विश्लेषण

हमारे पुराने ग्रंथों में 'आकाशवाणी' पद बहुत बार आया है। क्या कोई व्यक्ति ठीक-ठीक कह सकता है कि वाणी का उद्‌गम क्या था? उसे 'देववाणी' भी कह सकते हैं, 'अंतःकरण की आवाज़' भी कह सकते हैं और 'विवेक बुद्धि' भी। आजकल तो इसे 'रेडियो-वाणी' का समानक मान लिया गया है। परंतु यह किस रूप में थी, यह कहना कठिन है।

एक अन्य पद है—'आकाश वृत्ति'। कुछ लोगों की आय का साधन निश्चित नहीं रहता। किसी के घर के छोटे-मोटे बाज़ारू काम कर दिए। कुछ पैसा मिल गया। कभी किसी बच्चे का शिक्षण-कार्य (Tution Work) मिल गया। कुछ पूजा-पाठ कर दिया। किसी मकान की रँगाई-पुताई का दिहाड़ी पर काम मिल गया। शिक्षा और रुचि के अनुसार कुछ व्यक्तियों की रोज़ी-रोटी इसी ढंग के विविध कार्यों से चलती है। इसी को 'आकाश वृत्ति' कहते हैं।

'आकाश लता' एक प्रकार की बेल होती है। इसका छोटा-सा टुकड़ा किसी छोटे-से पौधे पर डाल दीजिए। इसके जड़ नहीं होती। यह अपना पोषाहार उसी पेड़-पौधे से प्राप्त कर लेती है। थोड़े ही दिनों में यह बेल चारों ओर फैल जाती है। स्वयं फूलती-फलती है और अपने पोषक पेड़-पौधे को सुखा डालती है। 'आकाश लता' जैसी वनस्पतियों को परोपजीवी पौधे कहते हैं।

वैज्ञानिक विश्लेषण

जैविकी (Biology) हमें बताती है कि उपर्युक्त चारों उपादानों पृथ्वी, जल, तेज एवं वायु—से तो वनस्पतियों को प्रत्यक्ष रूप में पोषाहार मिलता ही है। इसके अतिरिक्त और भी कई कारक हैं, जो कि परोक्ष रूप में इस प्रक्रिया में सहायक होते हैं; जैसे, पर्वतों की दिशा और ऊँचाई, गुरुत्वाकर्षण तथा तारों की कॉस्मिक किरणें आदि। चूँकि ये सब कारक परोक्ष रूप में कार्य करते हैं और इनका परिमाण सरलता से निश्चित नहीं किया जा सकता। अतः इन सबका समावेश 'आकाश उपादान' में कर लिया जाए तो समीचीन होगा।

हमारे देश में 'वसुधैव कुटुम्बकम्' की भावना के प्रति शताब्दियों से आस्था प्रकट की जा रही है। सृष्टि के कण-कण में ईश्वर के अस्तित्व की कल्पना से भी हम पूरी तरह सहमत हैं। एक कवि ने खूब कहा है :

"इंसाँ की क्या बात, यहाँ पत्थर भी पूजे जाते हैं।"

भारत में तो प्रत्येक वन के पीछे एक 'वनदेव' अथवा 'वनदेवी' की विचित्र कल्पनाएँ भी की गई हैं। जब सीता जी वनवास में जाने के लिए माता कौशल्या जी से विदा लेने गईं तो माता जी बोलीं :

"पितु वनदेव, मातु वनदेवी। खग-मृग चरन सरोरुह सेवी।"

अर्थात्–अब वनदेवता तुम्हारे पिता होंगे और वनदेवियाँ तुम्हारी माता। वहाँ के पशु-पक्षी तुम्हारे चरण कमलों के सेवक होंगे।

सीता-हरण के पश्चात् भगवान् राम साधारण मनुष्य की भाँति विलाप करते हैं :

हे खग, मृग, हे मधुकर श्रेणी। तुम्ह देखी सीता मृगनैनी।

हम भक्त प्रवर तुलसीदास के इन पदों को कवि की भावुकता भरपूर लाक्षणिक भाषा का उदाहरण कहकर टाल सकते हैं। किंतु विज्ञान तो हमारा पिंड नहीं छोड़ता। वैज्ञानिकों का कथन है कि पत्थर जैसी जड़ वस्तुएँ और वनस्पति जगत् के प्राणी भी कुछ बातों में मनुष्य की तरह व्यवहार करते हैं। भौमिकी (geology) में हम पढ़ते हैं कि जिस प्रकार मनुष्य व्यायाम करने के बाद जल्दी-जल्दी साँस लेता है, उसी प्रकार पृथ्वी भी तापमान के अंतर के कारण साँस लेती है। कहने का अभिप्राय है कि उसकी पपड़ी में हलका-सा उत्थान एवं पतन होता है।

वनस्पति-जगत् से भी इसी तरह के 'आचरण' के अनेक उदाहरण दिए जा सकते हैं। यह एक वैज्ञानिक सत्य है कि पेड़-पौधे, हवा और पानी को चूसकर अपना आहार प्राप्त करते हैं। कुछ पौधे सूर्योदय के समय खिलते हैं और सूर्यास्त होने पर मुरझा जाते हैं। कुछ पौधे कीट-भक्षक होते हैं। यदि कोई कीड़ा-मकौड़ा ऐसे पौधे पर बैठ जाता है तो वह कुछ ही घंटों में कीट-जाति के उस जीव को आत्मसात् कर लेता है। अफ्रीका के जंगलों में कुछ पेड़ ऐसे भी होते हैं कि यदि कोई मनुष्य या पशु उनके पास पहुँच जाए तो वे अपनी शाखाओं द्वारा उसे जकड़ लेते हैं। और उसका सारा रक्त चूस लेते हैं। केवल ठठरी ही बाक़ी बचती है।

हमने वाद्यकारों से सुना है कि ढोलक ऐसे पेड़ की लकड़ी से बनानी चाहिए, जो सड़क के किनारे स्थित हो; क्योंकि बटोही ऐसे पेड़ के नीचे विश्राम करते हैं। वे जब आपस में बातें करते हैं तो उनकी बोली पेड़ की लकड़ी में जज़्ब हो जाती है। इसी कारण ढोलक में से ध्वनि अच्छी निकलती है।

वनस्पति विज्ञानियों का कथन है कि कुछ 'पौधे' ऐसे होते हैं, जो देखने में काई अथवा फफूँदी जैसे लगते हैं। वे पानी में थिरकते रहते हैं। परंतु यदि हम उन्हें छू भर दें तो उनमें तुरंत प्रतिक्रिया होती है। सृष्टि के ऐसे सदस्यों को जीव कहें अथवा जंतु? आज तक विज्ञानी इस प्रश्न का निश्चित उत्तर नहीं दे पाए हैं कि बैक्टीरिया को जीवाणु कहें या शाकाणु?

पानी अपना मार्ग स्वयं ढूँढ़ लेता है। वह जानता है कि उसे नीचे की ओर जाना है। किंतु कौन उसे बताता है कि नीचाई किधर है, ऊँचाई किधर। यदि उसके मार्ग में कोई पत्थर पड़ा हो तो दीर्घकाल तक चोट मार-मार कर पत्थर में भी छेद कर देता है।

मेरे मित्र डॉ. राजनाथ वर्षों काशी हिंदू विश्वविद्यालय के भौमिकी विभाग के अध्यक्ष रहे। उन्होंने एक बार मुझे बताया था कि कभी ऐसा होता है कि कोई नाला ऊपर से बहता हुआ आ रहा है और उसके मार्ग में कोई चट्टान पड़ जाती है। वह उसके दाएँ अथवा बाएँ पार्श्व से निकल सकता है। मान लीजिए उसके दाएँ पार्श्व का मार्ग साफ़ है और बाईं ओर के मार्ग में कोई पेड़ या अन्य रुकावट पड़ी हुई है। ऐसी स्थिति में वह नाला सदैव दाहिनी ओर से होकर ही जाएगा, चाहे उक्त रुकावट उस स्थान से कितनी भी दूर क्यों न हो। इस प्रकार के जितने भी उदाहरण देखे गए हैं, उनमें से एक में भी अपवाद दिखाई नहीं दिया। ऐसा क्यों? नाले को कौन बता देता है कि उसके मार्ग में बाधा है?

अब वनस्पति जगत् के सदस्यों पर विचार कीजिए। हम कोई बेल लगाते हैं। उससे थोड़ी दूरी पर एक डोरी बाँध देते हैं। बेल दो-एक दिन तक इधर-उधर लहराती रहती है। अंत में वह डोरी को पकड़ लेती है—और फिर उसी पर फैलती रहती है। यदि रस्सी के बदले कोई बाँस खड़ा हो, या पेड़ हो, तो वह कुछ समय बाद उसी का सहारा ले लेगी।

हम देखते हैं कि वनस्पति जगत् के सदस्यों में भी एक प्रकार की सहयोग-क्षमता होती है। जब किसी वृक्ष पर कोई बेल चढ़ जाती है तो उसे वृक्ष से पूरा-पूरा सहयोग मिलता है। वृक्ष सूर्य के ताप से उसकी रक्षा करता है। यदि वृक्ष का या अन्य कोई सहारा न हो, तो बेल मुरझा जाएगी। कुछ लोग डोरी अथवा रस्सी के बदले तार बाँध देते हैं। बेल उस पर भी चढ़ती तो है, परंतु गर्मी के दिनों में सूर्य के ताप से तार गरम हो जाता है और उसके स्पर्श से बेल जल जाती है।

केवल इतना ही नहीं। यदि आकाश लता जैसी कोई परोपजीवी बेल किसी पेड़ पर चढ़ती है, तो पेड़ उसका पोषाहार अपने शरीर में से देता है। जैसा कि हम ऊपर लिख आए हैं, ऐसी बेल में कोई जड़ नहीं होती। फिर भी वह सदैव हरी-भरी रहती है, क्योंकि उसके पोषक पौधे से उसे पूरा-पूरा आहार मिलता रहता है।

बहुत-से पेड़ों में क़लम लगाए जाते हैं। उसमें एक पेड़ के तने को थोड़ा-सा छील लिया जाता है और किसी दूसरे पेड़ की छीली हुई डंडी उसमें खोंस देते हैं। कई बार डंडी खिसकने के डर से उसे तने के छिले हुए भाग के साथ रस्सी से कसकर बाँध भी दिया जाता है। कुछ दिनों बाद दोनों पेड़ों की नसें एक-दूसरे में पूरी तरह मिल जाती हैं और दूसरा पेड़ पुराने पेड़ की सहायता से फलने-फूलने लगता है। सभी माली कलम लगाने की इस विद्या में पारंगत होते हैं। सहयोग-क्षमता का इससे

अच्छा उदाहरण मनुष्य जाति को छोड़कर और कहीं भी मिलना कठिन है।

ऐसा भी देखा-सुना है कि वनस्पति जगत् के सदस्यों में कई गुण मनुष्यों जैसे होते हैं। पेड़-पौधों की वृद्धि श्वास-प्रश्वास, मार्ग ढूँढ़ने की क्षमता, सहयोग प्रदान करने की सामर्थ्य इसके बोधक हैं। परंतु उनमें मनुष्यों की भाँति गतिशीलता और गत्यात्मकता नहीं होती। वे अपने-आप चलकर एक स्थान से दूसरे स्थान पर नहीं जा सकते। मनुष्यों की तुलना में वनस्पतियों में यही एक विशेष कमी है।

अब एक प्रश्न यह उठता है कि क्या वनस्पति जगत् के सदस्यों में भी मनुष्य की भाँति संदेश-वहन की क्षमता होती है? अर्थात् क्या वे एक स्थान से दूसरे स्थान तक कोई संदेश भेज सकते हैं? यदि हम एक किशमिश को पानी में डाल दें तो वह थोड़ी देर में काफ़ी जल सोख लेगी और फूल जाएगी। कारण यह है कि किशमिश के अंदर का विलयन बाहर के पानी से स्थूल होता है। अतः वह पानी को अपनी ओर खींच लेता है और उसके बदले में स्थूल विलयन का थोड़ा-सा भाग पानी में आ जाता है।

इसी प्रकार जो विलयन पृथ्वी में स्थित होता है, वह पौधे की जड़ की कोशिकाओं से पतला होता है। अतः वही किशमिश जैसी क्रिया आरंभ हो जाती है। पृथ्वी के विलयन का बहुत-सा रस पौधे की जड़ में खिंच जाता है। उसके बदले में पौधे की जड़ का थोड़ा-सा रस बाहर आ जाता है। विलयन के अंदर खिंचते रहने से एक दबाव उत्पन्न हो जाता है, जिसे हम मूलदाब (root pressure) कहते हैं। इसी दाब के कारण जड़ में से निकला हुआ रस आगे को धक्का देता है और पौधे के तने में चढ़ने लगता है। इसी प्रकार कोशिकाओं का रस पौधे के तने में चढ़ता-चढ़ता ऊपर पत्तों तक पहुँच जाता है। इसी प्रक्रिया द्वारा बनस्पति जगत् के प्राणी अपना आहार प्राप्त करते हैं।

अब प्रश्न यह है कि पौधे की जड़ को कौन बताता है कि तुम्हारी कोशिकाओं के रस की आवश्यकता पेड़ के पत्तों को है। अतः तुम ऊपर चलो। क्या इसे संदेश वहन कह सकते हैं? जिस अर्थ में हम इस शब्द का प्रयोग करते हैं, उस अर्थ में तो इसे संदेश वहन नहीं कह सकते; क्योंकि जो संदेश हम एक-दूसरे के पास भेजते हैं, वह ऐच्छिक होता है और उपरिलिखित प्रक्रिया बिल्कुल अनैच्छिक एवं प्राकृतिक होती है।

सहजवृत्ति

व्युत्पत्ति और शब्दावली

'सहज' शब्द दो पदों की संधि से बना है–'सह'+'ज'। 'सहज' का अर्थ है सहजन्य, सहजात; मतलब है–'साथ पैदा हुआ।' इसीलिए एक माँ के दो बेटे 'सहोदर' (सह+उदर) कहलाते हैं। अतः यदि कोई वृत्ति हमारे साथ जन्मी हो, तो वह 'सहजवृत्ति' कहलाएगी।

एक बढ़ई का पुत्र जन्म से ही अपने पिता को मेज़, कुर्सी अथवा चारपाई बनाते देखता है। अतः उसके लिए बढ़ई का काम सीखना आसान हो जाता है। इसी प्रकार राजगीर के पुत्र को मकान बनाने का काम सीखने में कोई विशेष कठिनाई नहीं होती। यों कहना चाहिए कि वह सहज में ही 'थवई' का ओहदा पा जाता है।

कोशों में Instinct का अर्थ दिया गया है–''नैसर्गिक वृत्ति (Innate disposition)" ; जो शक्ति किसी प्राणी को Instinct द्वारा प्राप्त होती है, प्रकृति दत्त होती है। किसी चिड़िया को घोंसला बनाने की क्रिया किसी से सीखनी नहीं पड़ती। वह उसे आप-से-आप प्राप्त होती है। इसी कारण उसे Unlearned behaviour (अनसीखा व्यवहार) कहते हैं।

कुछ लेखक 'Instinct' को 'मूल प्रवृत्ति' कहते हैं। किंतु यह 'Natural tendency' का अनुवाद हुआ; 'Natural disposition' का नहीं हुआ। अतः उक्त पदबन्ध निर्जीव वस्तुओं के लिए अधिक उपयुक्त होगा। पानी सदैव नीचे की ओर बहता है। अतः पानी के इस गुण को मूल प्रवृत्ति कहेंगे। किंतु 'Instinct' केवल 'मूल प्रवृत्ति' नहीं है, वह 'सहजवृत्ति' भी है।

अतएव हमने 'Instinct' के लिए 'सहजवृत्ति' शब्द का प्रयोग किया है। प्रयुक्त शब्दावली और उसके अंग्रेज़ी पर्याय अवलोकनीय हैं।

अनसीखा व्यवहार	Unlearned behaviour
आदत	Habit
ऐच्छिक	Voluntary
तात्कालिक	Immediate
निरैच्छिक	Involuntary
प्रतिक्रिया	Response
प्रतिवर्त	Reflex
प्रतिवर्ती क्रिया	Reflective action
प्रतिवर्ती गति	Reflex movement
प्रेरणा	Stimulus
मूल प्रवृत्ति	Natural tendency
सहज	Instinctive
सहज क्रिया	Instinctive action
सहजवृत्ति	Instinct

निरैच्छिक क्रियाएँ

हमारे शरीर की कुछ नैसर्गिक क्रियाएँ ऐसी होती हैं जो स्वतः होती चलती हैं। यदि आँख में धूल का कण पड़ जाए तो पलक आप से आप झपक जाता है। यह हमारे प्रयास के बिना ही हो जाता है। सच पूछिए तो कभी-कभी हमें इसका पता भी नहीं चलता।

इसी प्रकार की क्रियाएँ हैं : हँसना, खाँसना, काँखना, खँखारना, जम्हाई लेना। सामान्यतः ये सारी क्रियाएँ अनायास ही होती है। इन्हें प्रतिवर्ती क्रियाएँ (Reflex actions) कहते हैं। ये निरैच्छिक (Involuntary) हुआ करती हैं। परंतु यदि ये जान-बूझकर किसी उद्देश्य से की जाएँ तो कभी-कभी लेने के देने भी पड़ जाते हैं।

हँसना–जब दुर्योधन युधिष्ठिर के नए महल में फ़र्श के धोखे में पानी में चिबच्चे में गिर पड़ा तो द्रौपदी ने उसकी खिल्ली उड़ाई और कहा–"अंधे बाप का अंधा बेटा"। हँसी-हँसी में बात का बतंगड़ बना गया, जिसका निपटारा महाभारत युद्ध से हुआ*।

खाँसना–एक व्यक्ति की आदत थी कि हर बात में अत्युक्ति किया करता था। एक दिन उसके मित्र ने समझाया–"इतनी जीट मत उड़ाया करो। इसमें तुम्हारी बात की क़द्र नहीं होती।"

उक्त बन्धु ने कहा–"अच्छा! अब जब कभी तुम देखो कि मैं अत्युक्ति कर

---

* आज इतिहासकार कहते हैं कि उक्त घटना कभी हुई न थी। अतएव आज वह वृत्तांत संदिग्ध समझा जाता है।

रहा हूँ तो थोड़ा-सा खाँस देना। उसी से मैं समझ जाऊँगा।"

एक दिन मित्रगण बैठे हुए थे। एक सज्जन यूरोप से आए थे। वे बोले—"मैंने यूरोप में एक साँप देखा जो कि 10 फुट लंबा था।"

सब लोगों पर रोब छा गया। ज़ीटिया महोदय से रहा न गया। वे बोले—"अरे कुल 10 फुट ही लंबा। मैंने अफ़्रीका में एक गिलहरी देखी थी, कोई 100 फुट लंबी।"

इन्होंने सोचा कि लोग मेरी ओर गर्व से देखेंगे। किंतु इनके मित्र ने इन्हें देखकर खाँस दिया। ज़ीटिया महोदय संकेत समझ गए और बोले—"क्या मैंने 100 फुट कहा था? नहीं, नहीं, 100 फुट तो नहीं; हाँ, 50 फुट से कम कदापि नहीं थी।"

यह कहकर उसने चारों तरफ़ अपना मुँह घुमाया, यह सोचकर कि अब तो ये लोग मेरी प्रशंसा करेंगे। किंतु जब मित्र पर निगाह पड़ी तो उसने फिर खाँस दिया। उसने सोचा कि कदाचित् अब भी अत्युक्ति हो रही है तो अपने कथन में संशोधन करके बोला—"यार मेरे पास कोई फ़ीता तो था नहीं, इसलिए संभव है मेरा अनुमान ग़लत हो। लो अब मैं अंतिम बार कहता हूँ कि गिलहरी 25 फुट से कम न होगी।"

किंतु उसका मित्र फिर खाँस पड़ा तो यह साढ़े बारह फुट पर उतर आया। जब इसके मित्र ने फिर खाँसा तो यह झुंझलाकर बोला—"अब चाहे तुम खाँस-खाँस कर दम निकाल दो मैं साँप के 10 फुट से नीचे तो नहीं उतरूँगा।"

काँखना और खँखारना

क़ब्ज़ के मरीज़ इस बात के भुक्तभोगी होंगे कि न जाने उन्हें कितनी बार सँडास में काँखना पड़ता होगा। बहुधा एक विरोधी को मुँह से कुछ बोले बिना खँखारकर अपने शत्रु को चुनौती देने के कारण पिटते देखा है।

एक झेंपू सज्जन थे। दोस्तों की देखा-देखी भाषण करने के लिए मंच पर जा ही चढ़े। टाँगें काँप रही थीं, हृदय धोंकनी की तरह धक-धक कर रहा था। फिर भी अड़े रहे। माइक के सामने मुँह करके बोले—"प्रधान...जी, बहनो और (खँखारते हुए) भाइ...यो।"

एक मनचले ने चुटकी ली—"क्यों शान बघारते हो भाई, कुछ तो दम लो अभी आवाज़ है भर्राई।"

सभा में ज़ोर का ठहाका लगा और झेंपू साहब खिसियाकर मंच से नीचे उतर आए।

जम्हाई

जम्हाई लेना भी एक सहज क्रिया ही है। यह क्रिया तब होती है जब या तो किसी को नींद सता रही हो अथवा वह किसी बात से ऊब रहा हो। रात के समय जब कोई व्यक्ति मोटर पर यात्रा करता है तो लोग किसी यात्री को चालक के पास नहीं

बैठाते, क्योंकि जम्हाई एक संक्रामक क्रिया है। यदि रात के कारण यात्री को जम्हाई आएगी तो उसके संपर्क से चालक को भी आने लगेगी और इस प्रकार दुर्घटना की आशंका बढ़ जाएगी।

कई बार बच्चे भी पूछ बैठते हैं कि बसों में यह क्यों लिखा रहता है—"पहली, दूसरी और तीसरी सीट पर सोना मना है।" इसका कारण भी बहुत-कुछ यही है कि यात्री को जम्हाई आने से बस चालक को भी जम्हाई आ सकती है। इसके अतिरिक्त दूसरा कारण यह भी है कि सोने वाला यात्री यदि धम से बस के इंजन पर गिर जाए तो चालक का ध्यान बदल जाने से कोई दुर्घटना भी घट सकती है।

एक गवैए की आदत थी कि आलाप लेते समय आँखें मींच लेता था। उसके एक मित्र ने पूछा कि इसका क्या कारण है। किसी दूसरे मित्र ने उत्तर दिया—"कारण तो सीधा सादा है। जब ये आलाप लेते हैं तो शीघ्र ही श्रोताओं को जम्हाई आने लगती है। इनसे उनका यह दुःख देखा नहीं जाता।"

पुरानी चाल के बुज़ुर्ग दहलीज़ पर पैर रखते ही खँखारने लगते हैं ताकि बहुओं को उनके आगमन की सूचना मिल जाए और वे ओढ़नी-पर्दा कर लें।

ऐच्छिक क्रियाएँ

कुछ ऐच्छिक क्रियाएँ भी ऐसी होती हैं, जिन्हें प्रत्येक प्राणी जन्म से अपने साथ लाता है। इस प्रकार की क्रियाएँ भी उसे सीखनी नहीं पड़तीं।

एक बच्चा बिल्ली का, एक कुत्ते का, एक हाथी का और एक मनुष्य का लेकर इन चारों को पानी में डाल दीजिए। मनुष्य का बच्चा पानी में डूब जाएगा। शेष सभी बच्चे तैरते रहेंगे। उन्हें किसी ने तैरना सिखाया नहीं है। यह कला उन्हें निसर्ग द्वारा प्राप्त होती है। इसे प्रतिवर्ती क्रिया (Instinctive activity) कहते हैं। प्रत्येक प्राणी में एक सहजवृत्ति (Instinct अर्थात् Innate disposition) होती है, जिसके द्वारा उसे यह शक्ति प्राप्त होती है। अधिकतर पशुओं में तैरने की सहज शक्ति होती है, जबकि मनुष्यों को तैरने की कला सीखनी पड़ती है।

कहीं पर गुड़ का टुकड़ा या थोड़ी-सी चीनी डाल दीजिए। थोड़ी-ही देर में उसके चारों ओर चींटियाँ चिपटी हुई दिखाई देंगी। चींटियों को यह कौन बताता है कि मीठा इस दिशा में रखा हुआ है? केवल उनकी 'सहजवृत्ति'। विज्ञानी (Scientists) हमें बताते हैं कि मीठा किस दिशा में धरा है, इसका ज्ञान बड़े-बड़े विज्ञानियों को भी उतना नहीं होता जितना कि ज़रा-सी चींटी को।

मीठे को किसी डिब्बे में बंद करके रख दीजिए। यदि ज़रा-सी भी सरंध रह जाएगी, तो उसी में से चींटी अंदर पहुँच जाएगी। इतना ही नहीं। आप किसी चौड़े कटोरे में पानी भर कर रख दें और उसके बीच किसी डिब्बे में चीनी रख दें। वह डिब्बा दो-चार दिन तो चींटी से बचा रहेगा। किंतु चार-छः दिन बाद ही जब पानी

पर हल्की-सी मिट्टी की परत जम जाएगी तो चींटी उसी पर चढ़कर चीनी तक पहुँच जाएगी।

यहाँ तक देखा गया है कि गुड़ का डला डोरे में बाँधकर छत के कुंडे से लटका दिया गया, तो भी चींटी छत पर से कुंडे पर पहुँच गई। फिर कुंडे द्वारा पूरी डोरी पार करके गुड़ के डले तक जा पहुँची।

यदि किसी जंगल में शेर घुस आता है तो जंगल के पशु-पक्षियों को दूर से ही पता चल जाता है और वे लोग किसी आड़ के स्थान पर दौड़कर छिप जाते हैं। इसमें कुछ तो उनकी घ्राण शक्ति काम करती है और कुछ सहजवृत्ति।

कभी-कभी ऐसा भी होता है कि छिपकली किसी भुनगे की ताक में बैठी रहती है और धीरे-धीरे उसकी ओर आगे बढ़ती चली जाती है। जब भुनगा उसकी पकड़ के अंदर पहुँच जाता है, तब वह या तो उसे तुरंत खा जाती है अन्यथा उसके बिल्कुल समीप पहुँचकर मुँह फेर लेती है और तुरंत लौट आती है। इसका कारण यह है कि उसकी सहजवृत्ति उसे बता देती है कि उक्त भुनगा उसका आहार नहीं है।

ऐसा भी देखा गया है कि हम किसी ताँगे में जा रहे हैं और सड़क के मास ही किसी झाड़ी में कोई जंगली जानवर—शेर अथवा गुलदार—छिपा हुआ बैठा है। घोड़े को अपनी सहजवृत्ति से यह आभास हो जाता है कि पास में कोई ख़तरा है और वह चौकड़ी भर कर उस स्थान से भाग निकलता है।

प्रतिवर्ती और सहज क्रियाएँ

सहज क्रिया (Instinctive action) तथा प्रतिवर्ती क्रिया (Reflex action) में कुछेक बातें समान होती हैं, यथा :

(1) दोनों प्रकार की क्रियाएँ वंशानुगत एवं जन्मसिद्ध होती हैं। जिस प्रकार पलक झपकना, छींकना, खाँसना अनायास ही होती चलती हैं, उसी तरह पशुओं को तैरना, पक्षियों के बच्चों को दाना चुगना, घोंसला बनाना या जानवरों के शिशुओं को चलना आदि सीखना नहीं पड़ता।

रही मनुष्य के बालक की बात। जब उसकी टाँगों में कुछ शक्ति आने लगती है, तभी उसे चलने के लिए प्रवृत्त किया जाता है। कुछ लोग समझते हैं कि हम बच्चे को चलना सिखाते हैं, पर वास्तव में ऐसा नहीं होता। चलने की शक्ति तो उसके शरीर में निहित रहती है, हम केवल उसे उत्तेजित कर देते हैं। उँगली पकड़कर अथवा तीन पहियों वाले गडीलने से उसे चलाने का अर्थ है : केवल उसे चलने की दिशा में प्रवृत्त करना।

कभी-कभी कुछ पक्षी बहुत सुंदर घोंसले बनाते हैं। बया का घोंसला तो बड़ा कलापूर्ण तथा मज़बूत होता है। हमने स्वयं बया के घोंसले पर पत्थर मारे हैं, फिर भी वह नहीं टूटा। आख़िर वह कौनसी! शक्ति है, जो बया को इस प्रकार का

घोंसला बनाने के लिए प्रेरित करती है? सच कहा जाए तो वह है केवल उसकी सहजवृत्ति।

यदि हम बनारस से कर्मनासा नदी के किनारे-किनारे बिहार की ओर चलें तो थोड़ी दूर जाकर एक टापू पड़ता है, जिसमें छोटा-सा जंगल है। उक्त स्थान का नाम 'मूसाँ खाँ' है। उसमें एक प्रकार के पक्षी रहते हैं। वे इतना कलापूर्ण घोंसला बनाते हैं कि वह दूर से छींके के समान दिखाई पड़ता है। उसमें एक तश्तरी-सी लटकी रहती है, जिसमें पक्षी का अंडा रखा रहता है। वह घोंसला इस सफ़ाई से बनाया जाता है कि सहसा विश्वास ही नहीं होता कि उसे किसी पक्षी ने बनाया हो।

(2) दोनों प्रकार की क्रियाएँ प्रायः यंत्रवत् होती हैं। आँख में धूल पड़ जाए तो आँख आप से आप झपक जाती है। यदि गले में कुछ अटक जाए तो मनुष्य आप से आप खाँसने लगता है। समुद्र के पास रहने वाले लोग जब यह देखते हैं कि कुछ हंस समुद्र से भूमि की ओर उड़ते चले आ रहे हैं, तो वे समझ जाते हैं कि अब सागर में तूफ़ान आने ही वाला है।

कुछ पक्षी मौसम के अनुसार देश बदलते हैं। साइबेरिया जैसे ठंडे देश से हिंदुस्तान जैसे गर्म देश में आ जाते हैं और उपयुक्त समय आने पर फिर ठंडे देश की ओर लौट जाते हैं। उन्हें 'प्रवासी पक्षी' की संज्ञा प्रदान की जाती है। एक पक्षी ऐसा भी होता है, जो प्रतिवर्ष वर्षा ऋतु आरंभ होने से पहले एक नया घोंसला बनाता है। वह घोंसला किनारे पर पानी की सतह से इतना ऊँचा बना होता है कि बाढ़ आने पर भी जल उस घोंसले तक पहुँच नहीं पाता। पक्षी-विशेषज्ञों ने इस तथ्य को कई बार आज़माया है और इसमें एक भी अपवाद नहीं मिला।

(3) दोनों प्रकार की क्रियाएँ जातीय हैं वैयक्तिक नहीं। ये किसी जाति के एकाध जीव में नहीं, बल्कि सभी प्राणियों में एक-जैसी पाई जाती हैं। कभी-कभी ऐसा होता है कि गौओं का एक झुंड किसी मैदान में घास चरता रहता है। एकदम कोई बाघ आ जाता है। तभी समस्त गौएँ बछड़ों को बीच में करके उनके चारों ओर एक घेरा बनाकर खड़ी हो जाती हैं और बाहर की दिशा में सींग करके आक्रामक रूप धारण कर लेती हैं। बाघ घेरे के चारों ओर चक्कर काटता है। यदि उसे कहीं घेरे में रिक्ति दिखाई देती है तो छलाँग मारकर बच्चों में पहुँच जाता है और कोई एक बछड़ा मुँह में दबाकर फिर घेरे को फलाँग जाता है। परंतु उसका यह साहस नहीं पड़ता कि गौओं पर सामने से आक्रमण करे। ग्वालों ने इस ढंग की घटना कई बार देखी है।

यह सब कुछ होने पर भी कुछ सहज क्रियाओं में व्यक्तिगत विशेषताएँ देखी जाती हैं। कुछ लोगों की सहजवृत्ति उन्हें बता देती है कि पृथ्वी के किस टुकड़े के नीचे चाँदी, सोना अथवा पानी विद्यमान है। ऐसे व्यक्तियों को 'शगुनिया' कहते हैं। शगुनिया के हाथ में किसी पेड़ की एक टहनी थमा दी जाती है, जो गुलेल की शक्ल

की होती है। जहाँ कहीं उक्त धातु या जल होता है, वहीं पर शगुनिया के हाथ से टहनी आप से आप गिर पड़ती है।

लगभग तीस-चालीस वर्ष पहले की बात है। बंबई के एक सज्जन थे श्री आभ्यंकर। वे धातु-शगुनिया थे। वे किसी न किसी व्यापारी को कहला देते थे कि अमुक दिन हमारे साथ चलना है। व्यापारी अपने भाग्य को सराहता और बड़े सत्कार सहित उनको अपने साथ ले जाता। नगर से दूर जहाँ कहीं भी श्री आभ्यंकर संकेत कर देते, वहीं पर व्यापारी कोई चिह्न डाल देता। वह अपने सुविधानुसार चिह्नित स्थान पर खुदाई करवाता। वहाँ निश्चित रूप से कोई न कोई मूल्यवान् धातु हाथ लगती थी। सुनते हैं कि इसी प्रकार कुछ व्यापारी मालामाल हो गए।

एक उदाहरण और है। एक व्यक्ति था 'हंसराज' वह अकस्मात् लोगों को कहकर चौंका देता था—"देखो, इस समय बंबई से एक संदेशा मद्रास जा रहा है। उस संदेशे का सार इस प्रकार है।" उसकी बताई हुई बातें अधिकतर सच निकलती थीं। इसी कारण लोगों में उसका नाम 'हंसराज वायरलेस' पड़ गया था।

महाभारत का बड़ा प्रसिद्ध प्रसंग है। एक बार अर्जुन अपनी पत्नी सुभद्रा को चक्रव्यूह तोड़ने की प्रक्रिया बता रहे थे। वे पूरी बात कह न पाए थे कि सुभद्रा को नींद आ गई। इस प्रकार गर्भ में ही उनका पुत्र अभिमन्यु चक्रव्यूह तोड़ने की विधि सीख गया था। परंतु वह व्यूह से बाहर निकलने का ढंग न जान पाया, क्योंकि निद्रालीन सुभद्रा उसके बारे में सुन न पाई थी। कदाचित् यही कारण था कि वह व्यूह में ही फँसकर रह गया और लड़ते-लड़ते जान गँवा बैठा।

(4) दोनों प्रकार की क्रियाओं का प्रयोजन अपना संरक्षण तथा जाति का संवर्धन करना होता है।

एक बार अकबर और बीरबल में तर्क-वितर्क हो रहा था कि आत्म-संरक्षण वृत्ति बलवान् है या जाति-संवर्धन वृत्ति। अकबर का विचार था कि प्राणी में जाति-संवर्धन वृत्ति अधिक शक्तिशाली होती है। कोई भी प्राणी बच्चे को बचाने के लिए जान तक दे देगा। बीरबल का विचार इससे उलटा था।

बीरबल के प्रस्ताव पर एक प्रयोग किया गया। एक कुएँ का सारा पानी निकाल दिया गया। एक बँदरिया और उसके बच्चे को कुएँ में फेंक दिया गया और फिर उसमें धीरे-धीरे पानी छोड़ा गया। बँदरिया ने बच्चे को कंधे पर बिठा लिया। जब पानी बँदरिया के कंधे से ऊपर पहुँचने लगा तो उसने बच्चे को भूमि पर बिठा दिया और स्वयं उसके ऊपर बैठ गई। इस प्रकार बच्चा डूब गया और बँदरिया बच गई।

यह सब कुछ होते हुए भी प्रतिवर्ती क्रियाओं एवं सहज क्रियाओं में वास्तविक अंतर होता है, यथा :

(1) सहज क्रिया प्रायः क्षणिक होती है। खाँसना, खँखारना, पलक झपकना—ऐसी क्रियाएँ प्रायः क्षण भर में समाप्त हो जाती हैं। परंतु सहज क्रियाएँ

दीर्घायु होती हैं। जब कोई पक्षी घोंसला बनाता है, तो वह उसके लिए कई दिनों तक न जाने कितने स्थानों से सामग्री बटोरता है। कहीं से घास कहीं से रुई और कहीं से सींकें—जो चीज़ जहाँ से मिली वहाँ से उठा लाया। जब अंडे देने का समय आता है तब पक्षी गोल-मटोल शक्ल का एक घर-सा बनाता है, जिसके बीच में काफ़ी गहरा स्थान रहता है। इस प्रक्रिया में कई-कई दिन लग ही जाते हैं और कभी-कभी यह हफ़्तों तक भी चलती है।

(2) प्रतिवर्ती क्रिया में प्रायः शरीर का एक ही अंग काम करता है। यदि आँख में धूल पड़ जाए, तो हमारी पलकें झपक जाती हैं। शरीर का और कोई अंग काम नहीं करता। कभी-कभी हम हाथ से आँखें मल भी लेते हैं। इसके अतिरिक्त कभी-कभी किसी प्रतिवर्ती क्रिया का प्रभाव शरीर के अन्य अंगों पर भी पड़ता है। यदि शरीर के किसी अंग पर शल्यक्रिया होती है, और उसमें टाँके लगाए जाते हैं, तो डॉक्टर रोगी को सावधान कर देते हैं—"जहाँ तक हो सके छींक मत आने देना, अन्यथा टाँके टूटने का डर रहता है।"

जब बच्चा स्तनपान करता है, तो उसके मुँह के अतिरिक्त हाथ-पैर आदि भी बराबर काम करते रहते हैं।

(3) सामान्यतः प्रतिवर्ती क्रिया सरल होती है; क्योंकि वह किसी एक ही वस्तु से प्रेरित होती है और उसमें शरीर के एक या दो अंग ही काम करते हैं। सहज क्रिया सामान्यतः जटिल होती है; क्योंकि उसमें शरीर के अंग काम में आते हैं, जैसे—चिड़ियों का घोंसला बनाना। यदि किसी पक्षी के बच्चे को बिल्ली दिखाई पड़ जाती है तो वह तुरंत जाकर अपनी माँ के पंखों के बीच घुस जाता है।

सहज क्रिया के तीन पक्ष होते हैं :

(क) ज्ञानात्मक (ख) भावात्मक और (ग) क्रियात्मक।

जब पक्षी का बच्चा बिल्ली को देखता है, तो वह उसे भयजनक प्राणी समझता है, यह ज्ञानात्मक पक्ष है। उससे डर जाना, यह भावात्मक पक्ष है; और दौड़कर माँ की गोद में छिप जाना, यह क्रियात्मक पक्ष है।

(4) प्रतिवर्ती क्रिया किसी बाह्य वस्तु से प्रेरित होती है। मनुष्य छींकता तभी है, जब बाहरी वातावरण से कोई उत्तेजना मिलती है। सहज क्रिया आंतरिक उद्विग्नता का फल होती है। घोंसला बनाने के लिए पक्षी को अंदर से प्रेरणा मिलती है।

(5) यों तो दोनों प्रकार की क्रियाएँ यन्त्रवत् होती हैं। और सामान्यतः अपरिवर्तनशील होती हैं। छींकना, खाँसना, पलक झपकना आदि—ये क्रियाएँ जैसे हमारे पूर्वज हज़ारों वर्ष पहले से करते आए हैं, वैसे ही हम भी करते हैं क्योंकि ये मुख्यतः शारीरिक ही होती हैं।

इसके विपरीत सहज क्रियाएँ केवल शारीरिक नहीं होतीं। उनका संबंध चेतना तथा मस्तिष्क से भी होता है। अतः ये परिवर्तनशील हैं। यदि ऐसा न होता,

तो इस कहावत का कोई अर्थ न होता—"दूध का जला छाछ फूँक-फूँक कर पीता है।"

अभ्यास और आदतें

मुंशी प्रेमचन्द ने एक स्थान पर लिखा है—"अभ्यास बहुधा चेतना का स्थान ले लेता है।"

इस कथन में भी बहुत कुछ तथ्य है। हमारी बहुत-सी आदतें, अचेतन मन से की गई, सहज क्रियाएँ ही बन जाती हैं। कुछ लोग ऐसे होते हैं, जिन्हें कई-कई प्रश्न सुना दीजिए। वे सुनते जाएँगे और अंत में सबके उत्तर एक-साथ दे देंगे। किंवदंती तो यह है कि कुछ लोग सौ-सौ प्रश्नों के उत्तर कुछ मिनटों में ही ठीक रूप में दे देते थे। इन लोगों को 'शतावधानी' कहा जाता है। इसमें कदाचित् अत्युक्ति हो। किंतु 'अष्टावधानी' तो यदा-कदा अब भी मिल जाते हैं।

चित्रमयी स्मृति (Photogenic memory) वाले प्रसिद्ध क्रांतिकारी डॉ. हरदयाल के बहुत से क़िस्से अब भी विख्यात हैं। वे लिखते भी रहे, बोलते भी रहे और एक व्यक्ति बार-बार घंटी भी बजाता रहा। कुछ मिनटों के बाद उन्होंने बता दिया कि उसने इतनी बार घंटी बजाई थी, जो बिल्कुल ठीक बात थी। पुस्तक को एक बार पढ़कर और फिर अक्षरशः उलटी सुना देना तो लाला हरदयाल के बाएँ हाथ का खेल था। अतः 'अष्टावधानी' का इससे बढ़िया सटीक प्रमाण और क्या होगा।

बहुत-से लोग अभ्यासवश, बिना समझे-बूझे कोई काम करते चले जाते हैं। एक प्रोफ़ेसर थे, जो अपनी पत्नी के हर प्रश्न के उत्तर में 'हाँ' कहने के आदी हो गए थे।

एक दिन उनकी पत्नी ने पूछा—पड़ोस में विवाह है क्या मैं उसमें चली जाऊँ?

उत्तर—हाँ, हाँ।

बाज़ार में मेला लगा है, क्या मैं उसे देख आऊँ?

उत्तर—हाँ, हाँ।

मेरी एक सहयोगिनी बीमार है, मैं उसे देख आऊँ?

उत्तर—हाँ, हाँ।

क्या मैं जहन्नुम में चली जाऊँ?

उत्तर—हाँ, हाँ।

एक और सच्चा रोचक प्रसंग है। प्राणिकी (Zoology) के एक प्रोफ़ेसर जब कॉलेज जाते थे, तो कोट की दाहिनी जेब में कोई जंतु ले जाते थे। उसकी शल्य-क्रिया (Dissection) करनी होती थी, जैसे मेढक, छिपकली, तिलचट्टा। वे बाईं जेब में लंच ले जाते थे, जिसमें अधिकतर सैंडविचें रहती थीं। प्रयोगशाला में ही वे लंच खा लिया करते थे। और मध्यांतर के बाद शल्य-क्रिया किया करते थे।

एक दिन मेढक की शल्य-क्रिया की बारी थी। लंच करने के बाद जब वे शल्य-क्रिया करने बैठे तो उस जेब में हाथ डाला, जिसमें मेढक रखे थे। वह जेब ख़ाली थी और दूसरी जेब में सैंडविचें रखी हुई थीं।

आदतें और सहज क्रियाएँ

आदतों के द्वारा की गई क्रियाएँ, प्रायः एकरस होती हैं। किंतु ये क्रियाएँ अभ्यास द्वारा अचेतन हो जाती हैं। आदतों का आधार सहजवृत्तियाँ होती हैं। आरंभ में जब कोई बच्चा बंदर को देखता है, तो डर के मारे भाग जाता है। परंतु यदि कोई बंदर प्रतिदिन उसके सामने आए और उसके साथ खिलवाड़ करे तो बच्चे का डर जाता रहता है; और वह बंदर के संग खेलने लगता है। कुछ समय और बीतने पर बंदर के साथ खेलना उसकी आदत बन जाती है। तब वह किसी भी बंदर को देखकर नहीं डरता। यहाँ तक कि वह बंदरों की टोली के साथ भी खेलने लगता है और उन्हें अपने हाथ से भी खिलाता है।

इस सबके बावजूद आदतों द्वारा की गई क्रियाओं तथा सहज क्रियाओं में वास्तविक अंतर तो होता ही है। सहज क्रियाएँ जन्मजात होती हैं और आदत वाली क्रियाएँ अर्जित होती हैं। ज्यों-ज्यों अभ्यास बढ़ता जाता है, ये क्रियाएँ सहज क्रियाओं के सदृश ही होती जाती हैं।

कुछ लोगों की आदतें इतनी स्वचालित होती हैं कि उनमें और सहज क्रियाओं में अंतर करना कठिन हो जाता है। इसी प्रकार के कुछ रोचक प्रसंग सुनिए :

(क) एक मित्र दूसरे से—सिगरेट की आदत छोड़ना आसान है।

दूसरा—हाँ, मैं तो सैकड़ों बार छोड़ चुका हूँ।

(ख) एक डॉक्टर साहब अपने अस्पताल में निरीक्षण करने निकले तो प्रत्येक रोगी के बिस्तर पर जाकर पूछते—क्या हाल है?

उन्हें अधिकतर उत्तर मिलता—कल से अच्छा है।

डॉ. महोदय कहते—वैरी गुड, वैरी गुड। और अगले रोगी की ओर बढ़ जाते थे।

एक बार इसी प्रकार वे एक मरीज़ का हाल पूछ रहे थे। साथ के सहायक डॉक्टर ने बताया—सर! यह तो एक नया रोगी है, पिछले रोगी का तो कल देहांत हो गया।

बड़े डॉक्टर साहब फिर बोलते चले गए—वैरी गुड, वैरी गुड।

(ग) फ़ौज के किसी दस्ते में निरीक्षक महोदय आने वाले थे। उनके कप्तान ने सिपाहियों को बता दिया कि निरीक्षक महोदय तुम लोगों से तीन प्रश्न करेंगे। वे प्रश्न अंग्रेज़ी में होंगे :

(1) तुम्हारी उम्र?

(2) फ़ौज में कब से हो?

(3) क्या तुम्हें वर्दी और बिल्ला दोनों मिल चुके हैं?

इन तीनों प्रश्नों का उत्तर तुम लोग भी अंग्रेज़ी में इस प्रकार देना :

(1) बीस वर्ष।

(2) छह महीने।

(3) दोनों।

अधिकतर सिपाही अनपढ़ थे। उन्हें ये तीनों उत्तर रटा दिए गए। संयोग से निरीक्षक महोदय ने प्रश्नों का क्रम बदल दिया। तब वार्तालाप ने यह रंग पकड़ा :

पहला प्रश्न—इस फ़ौज में तुम्हें कितने दिन हुए।

उत्तर—बीस वर्ष।

दूसरा प्रश्न—तुम्हारी उम्र।

उत्तर—छः महीने।

तीसरा प्रश्न—क्या तुम पागल तो नहीं हो।

उत्तर—दोनों।

(घ) एक व्यक्ति कुछ मूर्ख-सा था। वह जब किसी भोज में जाता तो चुप बैठा रहता था। उसके एक मित्र ने समझाया—देखो! जिस भोज में स्त्रियाँ भी हों, उसमें बिल्कुल चुप रहना अशिष्टता कहलाती है। जो भी महिला तुम्हारे बाईं ओर बैठी हो, उससे अवश्य कुछ बात करनी चाहिए।

वह बोला—क्या करूँ, मुझे तो बात करना ही नहीं आता। तुम्हीं बता दो कि महिलाओं से किस प्रकार बात करनी चाहिए?

मित्र ने उत्तर दिया—उससे घरेलू प्रश्न करने चाहिए। जैसे, क्या आपका विवाह हो गया है? आपके कितने बच्चे हैं? आपके पति क्या करते हैं?

अगली बार वह व्यक्ति फिर एक भोज में सम्मिलित हुआ। जो महिला उसके बाईं ओर बैठी थी, उसने उससे वार्तालाप शुरू किया :

पहला प्रश्न—आपके कितने बच्चे हैं?

उत्तर—चार।

दूसरा प्रश्न—क्या आपका विवाह हो गया है?

औरत को निरुत्तर देखकर वह बेचारा तीसरा प्रश्न कर भी न पाया था कि धड़ाधड़ मार पड़ने लगी।

शायद ऐसे मूर्ख लोगों की अचेतन मानसिक अवस्था के कारण ही यह लोकोक्ति बनी है—पहले बात को तोलो, फिर मुँह से बोलो।

संदेश-वहन के साधन

किसी ने काँटे से पूछा—भई! तुम चुभते क्यों हो? क्या इसमें तुम्हें आनंद आता है?

काँटे ने उत्तर दिया—आनंद का तो प्रश्न ही नहीं है। मेरा स्वभाव ही है चुभना।

लोग कहते हैं कि साँप तभी काटता है, जब उस पर कोई दबाव पड़ता है। यदि कोई साँप को न छेड़े तो वह चुपचाप अपने रास्ते चला जाएगा। यही बात बहुत से जानवरों के विषय में सत्य है, परंतु बिच्छू तो कदाचित् इसका अपवाद है। यदि बिच्छू से किसी के शरीर का कोई अंग छू भी जाए तो वह डंक मार देता है। यह उसकी सहजवृत्ति है।

जब मनुष्य का बच्चा पैदा होता है तो तुरंत उसके मुँह से रोने की आवाज़ निकलती है। इसके दो कारण हो सकते हैं :

(क) शरीर विज्ञान (Anatomy) कहता है कि शिशु के संसार में आते ही उसके फेफड़ों में हवा भर जाती है और उसका रुदन शरीर की सहज प्रतिक्रिया है।

(ख) दूसरा कारण सामान्यज्ञान पर आधारित है। ऐसा मालूम पड़ता है कि संसार में आते ही उसके शरीर में भूख पैदा होती है और वह पुकार कर भोजन माँगता है।

इन दोनों कारणों में से यदि पहली बात ठीक है तो यह बच्चे की 'सहजवृत्ति' (Instinct) है। किंतु यदि दूसरी बात सही है तो यह उसका 'संदेश-वहन' (Communication) है। जहाँ तक मनुष्य का संबंध है, संसार में पहला संदेश-वहन बच्चे द्वारा ही होता है। परंतु एक प्रश्न यह है कि क्या मनुष्य ही ऐसा प्राणी है जिसे ईश्वर ने संदेश-वहन की क्षमता प्रदान की है। एक समय था, जब हम पेड़-पौधों को जड़ वस्तु मानते थे। किंतु आधुनिक वनस्पति विज्ञान ने यह सिद्ध कर दिया है कि पेड़-पौधों में भी जीवन के कई लक्षण होते हैं। वे साँस लेते हैं। उन्हें भोजन भी चाहिए। नींद की भी आवश्यकता होती है। कई प्रयोग ऐसे हुए हैं कि पौधों

को बिजली के तेज़ प्रकाश में रखा गया और ऐसी स्थिति में उनकी वृद्धि अधिक हुई।

एक यंत्र क्रेस्कोग्राफ बनाया गया है, जो किसी भी प्रकार की वृद्धि को एक करोड़ गुना बढ़ा कर दिखाता है। उसकी सहायता से पौधा स्पष्ट रूप से बढ़ता हुआ दिखाई पड़ता है। इतना अवश्य है कि पेड़-पौधों में उस प्रकार की गत्यात्मकता नहीं होती, जैसी कि मनुष्यों में। वे सामान्यतः अपने आप चलकर स्थान परिवर्तन नहीं कर सकते। यद्यपि आधुनिक सूक्ष्मदर्शियों से देखने पर पता चलता है कि पेड़-पौधों में भी एक सीमा के अंदर गतिशीलता होती है। यदि धातु के किसी टुकड़े अथवा जल के किसी अंश को सूक्ष्मदर्शी से देखा जाए तो पता चलेगा कि दोनों के अंग बिल्कुल भी स्थिर नहीं रहते, बल्कि उनमें भयानक विप्लव दिखाई देता है।

अब हम उस प्रश्न पर लौटते हैं, जो हमने दूसरे अध्याय 'निर्जीव और सजीव जगत्' में उठाया था। क्या वनस्पति जगत् के सदस्यों में संदेश-वहन की क्षमता होती है?

हम देखते हैं कि यदि किसी आम के बाग़ के एक पेड़ में कीड़े लग जाते हैं और फलतः वह सूखने लगता है तो आस-पास के कई अन्य पेड़ भी सूखने लगते हैं। परंतु इसका कारण तो अधिकतर यह होता है कि पेड़ पास-पास उगे होते हैं तथा पहले पेड़ के कीड़े दूसरे पेड़ की जड़ों तक पहुँच जाते हैं। अतएव यह भी संदेश-वहन का प्रमाण नहीं हुआ।

उधर अर्वाचीन अनुसंधानों से यह सिद्ध हो चुका है कि जिस प्रकार बाघ के आगमन की सूचना जंगल के जानवर एक-दूसरे को देते हैं, उसी प्रकार कुछ पेड़-पौधे भी संकट के समय दूसरे पेड़ों को चेतावनी दे देते हैं। इस संदर्भ में अमेरिका के 'विलो' तथा 'बर्च' नामक पेड़ों का नाम विशेष रूप से लिया जाता है।

वनस्पतिशास्त्रियों को यह पता चला है कि जब कुछ पेड़ों पर क्षतिकारक कीड़े-मकोड़े पहुँचते हैं तो उन पेड़ों से एक विशेष प्रकार के रसायन निकलने लगते हैं। जब ये रसायन पत्तियों पर पहुँचते हैं तो पत्तियाँ कीड़ों के खाने योग्य नहीं रहतीं और वे उनकी मार से बच जाती हैं। इतना ही नहीं, कुछ अन्य पेड़ जो 30-40 मीटर की दूरी पर स्थित होते हैं, वे भी ऐसे रसायनों का उत्पादन करने लगते हैं और इस प्रकार कीड़े-मकोड़ों का ग्रास बनने से मुक्ति पा लेते हैं।

उक्त विज्ञानियों का यह विश्वास है कि क्षति-ग्रस्त पेड़ दूसरे पेड़ों को संदेश देकर यह चेतावनी दे देते हैं कि उक्त प्रकार का संकट आने वाला है। यदि यह बात ठीक है, तो यह मानना पड़ेगा कि कुछ पेड़ों में संदेश-वहन की क्षमता होती है। कतिपय लेखक इस क्षमता को सांकेतिक भाषा कहते हैं। परंतु इस शब्दावली में भाषा का अर्थ बहुत खींचतान के साथ ही लगाना पड़ेगा; क्योंकि वास्तव में यह

भाषा तो है ही नहीं। इसे सांकेतिक संदेश-वहन कहा जा सकता है। फिर भी 'भाषा' शब्द के अर्थ की व्याप्ति करके हम इसका समावेश भी उसमें कर सकते हैं।

आंगिक संकेत

मनुष्य तीन प्रकार से अपने भाव प्रकट कर सकता है—संकेत से, बोलकर और लिखकर। संकेतों में प्रमुख स्थान 'आंगिक संकेतों' का है। जब तक बच्चा बोलना सीख नहीं लेता, वह बहुधा संकेतों से ही काम लेता है। जिस वस्तु को वह लेना चाहता है उसकी ओर उँगली से संकेत कर देता है। प्रागैतिहासिक काल में जब तक मानव ने बोलना नहीं सीखा था, तब तक कदाचित् संकेतों से ही काम चलता होगा।

आजकल भी विशेष परिस्थितियों में हम संकेतों का उपयोग करते हैं। कभी-कभी भगवान् का नाम लेने के बदले आकाश की ओर उँगली उठाकर कहते हैं कि 'भगवान् जाने!' बंद मुट्ठी का अर्थ होता है—'धन का बाहुल्य'। हम मुट्ठी बंद करके किसी के विषय में कहते हैं कि आजकल उसकी मुट्ठी गर्म है। परंतु उसी मुट्ठी को थोड़ा ऊपर उठाकर किसी को दिखाइए तो वह समझेगा कि आप उसे मारना चाहते हैं। अँगूठे को उलटा लटकाकर नीचे से ऊपर की ओर ले जाइए तो उसका अर्थ होगा—'टीका काढ़ना'। परंतु उसी अँगूठे को सीधा खड़ा करके किसी को दिखाइए तो उसका अर्थ बिल्कुल भिन्न हो जाएगा—'अपमान करना' अथवा 'अवज्ञा करना'।

कुछ लोग मूक अभिनय करते हैं। हाथों की आकृतियों तथा चेहरे की मुद्राओं से अपने भाव भलीभाँति व्यक्त कर देते हैं। पुराने समय में 'चित्र लिपि' में चित्रों द्वारा ही भाव दर्शाए जाते थे। यदि दो लड़के एक दूसरे की ओर मुँह करके खड़े हों और एक दूसरे से बात कर रहे हों तो यह मित्रता का भाव कहाएगा। यदि दो स्त्रियाँ मुँह फेरे खड़ी हों और बात न कर रही हों तो उक्त चित्र झगड़े का द्योतक समझा जाएगा। इस प्रकार के कई रोचक क़िस्से भी प्रचलित हैं :

(1) एक बार अकबर ने बीरबल से कहा कि यदि किसी मूर्ख से पाला पड़ जाए, तो क्या करना चाहिए। बीरबल ने उत्तर दिया कि हुज़ूर! कल मैं एक ऐसे व्यक्ति को लाऊँगा, जो इस प्रश्न का समुचित उत्तर दे सके।

अगले दिन बीरबल एक गँवार को ले आया, जो बोलना तक न जानता था। बीरबल ने अकबर से कहा—हूज़ूर! यही आदमी है, जो कि आपके कल के प्रश्न का ठीक-ठीक उत्तर देगा।

अकबर ने उस व्यक्ति से वही प्रश्न किया—किसी मूर्ख से पाला पड़ जाए, तो क्या करना चाहिए।

उक्त व्यक्ति बुत बना खड़ा रहा। अकबर ने वही प्रश्न कई बार किया, किंतु वह बोला ही नहीं। आख़िर झुँझलाकर अकबर ने बीरबल से कहा—यह तो कोई उत्तर देता ही नहीं।

बीरबल बोला—हुज़ूर! यह तो उत्तर दे रहा है कि यदि किसी मूर्ख से पाला पड़ जाए, तो चुप खड़े रहना चाहिए।

(2) कवि कालिदास बचपन में बिल्कुल अनपढ़ तथा मूर्ख था। विद्योत्तमा एक विदुषी नारी थी। परंतु परिस्थितियों ने दोनों को एक-दूसरे का प्रतिद्वंद्वी बना दिया। हुआ यों कि बहुत से पंडित लोग विद्योत्तमा के शास्त्रार्थ से तंग आ चुके थे, क्योंकि विद्योत्तमा उन्हें शास्त्रार्थ में हरा चुकी थी। उन सभी पराजित विद्वानों ने मिलकर यह षड्यंत्र रचा कि मूर्ख द्वारा विद्वत्ता को छल से हराकर उसका घमंड चूर-चूर किया जाए।

विद्योत्तमा को संदेशा भेजा कि काशी के एक महापंडित आए हैं। वे केवल एक दिन ठहरेंगे और वे विद्योत्तमा से शास्त्रार्थ करने को तैयार हैं। किंतु अगले दिन उनका मौन-दिवस है, इसलिए संकेतों द्वारा ही तर्क-वितर्क हो सकता है। विद्योत्तमा राज़ी हो गई।

अगले दिन पंडित के आसन पर कालिदास विराजमान हुए। दूसरी ओर विद्योत्तमा बैठी और उनके पास ही एक बिचौलिए को भी स्थान दे दिया गया। अब संकेतों द्वारा तर्क-वितर्क आरंभ हुआ। विद्योत्तमा ने एक उँगली दिखाई। कालिदास ने समझा कि वह मेरी एक आँख फोड़ने को कह रही है, अतः उसने दो उँगलियाँ उठा दीं। उसका यह अर्थ था कि मैं तेरी दोनों आँखें फोड़ दूँगा।

जब विद्योत्तमा से पूछा गया कि उसके संकेत का तात्पर्य क्या है, तो उसने बताया—मैंने कहा था कि परमात्मा एक है।

पंडित जी के समर्थकों से पूछा गया कि पंडित के दो उँगलियाँ उठाने का क्या अर्थ था? मध्यस्थ महोदय तो विद्योत्तमा के विरोधियों से साँठ-गाँठ किए हुए थे ही, उन्होंने उत्तर दिया—हमारे पंडित जी यह कहना चाहते हैं कि परमात्मा के साथ सृष्टि का अस्तित्व भी मानना पड़ेगा, तभी परमात्मा की अभिव्यक्ति कहलाएगी।

समस्त श्रोतागण धन्य-धन्य कहने लगे।

अब विद्योत्तमा ने अगले प्रश्न के लिए पाँचों उँगलियाँ दिखलाईं। कालिदास यह समझा कि वह मुझे थप्पड़ मारना चाहती है। अतएव उसने घूँसा दिखा दिया।

विद्योत्तमा ने अपने प्रश्न का उत्तर यह बताया कि हमें ईश्वर ने पाँच इंद्रियाँ दी हैं। हमें पाँचों का उपयोग करना होगा। बिचौलिए ने कालिदास की मुट्ठी का यह अर्थ बताया कि हमें पाँचों इंद्रियों को बाँधकर क़ाबू में रखना होगा, अन्यथा ये हमें पथभ्रष्ट कर देंगी। श्रोताओं ने फिर धन्य-धन्य की आवाज़ लगाई।

इसी प्रकार विद्योत्तमा ने संकेतों से कई प्रश्न किए और उसका उत्तर कालिदास ने भी आंगिक मुद्राओं द्वारा दिया। किंतु बिचौलिए ने उन प्रश्न के उलटे-सीधे अर्थ लगाकर विद्योत्तमा का मुँह बंद कर दिया और उसे नीचा दिखा दिया। शर्त के अनुसार विद्योत्तमा को कालिदास से विवाह करना पड़ा।

(3) चींटियाँ चलते-चलते एक-दूसरे से मुँह जोड़कर कुछ देर रुकती हैं। ऐसा मालूम पड़ता है जैसे वे आपस में कोई संदेश-विनिमय करती हों। जब एक बाघ और एक बाघिन एक-दूसरे से सहवास करना चाहते हैं तो एक विशेष प्रकार का घोष करते हैं। इस घोष को सहवास-आमंत्रण कह सकते हैं। वे चाहे एक-दूसरे से मीलों दूरी पर हों, परंतु उक्त घोष का अर्थ समझ लेते हैं और एक-दूसरे की ओर चलने लगते हैं। वे रास्ते भर सहवास-नाद करते रहते हैं और अंततः एक-दूसरे से मिल जाते हैं।

(4) इंग्लैंड का एक मज़ाक़ है। एक नाई किसी सज्जन की हजामत बना रहा था कि उसने उसके गाल पर उस्तरा मारकर एक हल्का-सा निशान बना दिया। ग्राहक क्रुद्ध होकर बोला—यह कैसी लापरवाही है!

नाई बोला—हुज़ूर! यह लापरवाही नहीं है। आपके घर पर जो नौकरानी काम करती है, वह मेरी प्रेयसी है, यह इशारा मैंने उसके लिए बनाया है। जब वह इसे देखेगी तो समझ जाएगी कि मैंने उसे आज सन्ध्या को पार्क में बुलाया है।

(5) एक साधु महाराज थे। वे केवल एक शब्द बोला करते थे—'राधेश्याम'। उसके साथ वे इतने हावभाव बनाते थे कि सुननेवाला समझ लेता था कि उनका क्या मतलब है? उनका मतलब कभी 'हाँ' होता था, कभी 'ना'; कभी 'मैं आ रहा हूँ' और कभी 'मैं नहीं आ रहा।' ये सारे मतलब उनके चेहरे के उतार-चढ़ाव बता देते थे, जबकि शब्द केवल 'राधेश्याम' ही रहता था।

बाह्यसंकेत

ये तो रहे भिन्न-भिन्न प्रकार के आंगिक संकेत। परंतु बहुत बार इन संकेतों से काम नहीं चलता, तब हम बाह्य संकेतों का भी प्रयोग करते हैं। संसार की कुछ जातियों में उँगलियों से संकेत बनाए जाते हैं। एक कपड़े से क्रेता और विक्रेता दोनों के हाथ ढक दिए जाते हैं, फिर उनमें से एक व्यक्ति दूसरे की एक उँगली के पहले पोरे पर अपनी उँगली रख देता है। यह उसका प्रस्ताव हुआ। दूसरा व्यक्ति या तो उस प्रस्ताव को मान लेता है या वह दूसरा प्रस्ताव रखता है। कपड़े का लेन-देन करने वाले इन लोगों की भाषा के संकेत बिल्कुल निश्चित होते हैं और लेनदार या देनदार एक-दूसरे का मतलब अच्छी तरह समझ लेता है।

रेल के गार्ड की सीटी भी तो एक संकेत है कि इंजिन ड्राइवर गाड़ी को चला दे। संकट के समय जंज़ीर खींचकर गाड़ी को रोकने का इशारा किया जाता है। गार्ड की हरी झंडी गाड़ी को चलाने का आदेश होता है और उसका लाल झंडी दिखाना गाड़ी को रोकने का संकेत होता है। पटरी पर किसी तरह की बाधा नहीं है, इस बात का संकेत रेलवे सिगनल की हरी रोशनी रात में देती है। यदि कोई रुकावट या ख़तरा हो तो उठे हुए सिगनल के कारण लाल रोशनी से संकेत मिलता है।

जब कोई एक्सप्रेस गाड़ी छोटे स्टेशन से होकर जाती है तो वह वहाँ रुकती नहीं। परंतु स्टेशन लाँघने से पहले चालक को वहाँ के स्टेशन मास्टर से इजाज़त लेनी पड़ती है कि क्या गाड़ी स्टेशन को पार कर जाए। यह इजाज़त सांकेतिक होती है। स्टेशन से थोड़ा पहले एक छोटे-से चबूतरे पर लोहे का एक पटरीनुमा शहतीर मज़बूती से पड़ा रहता है। उस शहतीर में एक कुंडा लगा रहता है। उसी कुंडे में हल्की लकड़ी का एक रैकेट फाँस दिया जाता है, जिसमें एक काग़ज़ बँधा रहता है। यही काग़ज़ रेल के लिए जाने का आज्ञापत्र कहलाता है।

रैकेट इतने ठीक नाप का होता है कि चलती गाड़ी के ब्रेकेट में आप से आप फँसकर निकल आता है। उक्त आज्ञापत्र के बिना गाड़ी आगे बढ़ नहीं सकती। इसे 'टोकिन' (संकेत) भी कहते हैं। कभी-कभी उक्त टोकिन गाड़ी के ब्रेकेट में नहीं आ पाता तो चालक तुरंत गाड़ी को रोक देता है। ऐसी स्थिति में एक खल्लासी आज्ञा पत्र लेकर भागता हुआ आता है और उसे गाड़ी के चालक को थमा देता है, तभी गाड़ी आगे बढ़ पाती है।

चोरों, डाकुओं, आतंकवादियों तथा जासूसों को भी कभी-कभी चोरी-छिपे अपने घर आना पड़ता है। ऐसे अवसरों के लिए इनके इशारे बँधे रहते हैं। यदि उनके घर की अलगनी पर लाल ब्लाउज सूख रहा हो तो वे समझ जाते हैं कि ख़तरा है। किंतु यदि हरा ब्लाउज सूखने डाला गया हो तो उन्हें संकेत मिल जाता है कि मार्ग साफ़ है। रात के समय यह तरकीब काम नहीं करती। अतएव उसके बदले लालटेनों अथवा किन्हीं अन्य रोशनियों से काम लिया जाता है।

रोम में जब किसी नए महापादरी का निर्वाचन करना होता है तो अंदर से समस्त किवाड़ बंद कर लिए जाते हैं। जब निर्वाचन हो चुकता है तब एक विशेष रंग का धुआँ छोड़ा जाता है। लोग बाहर खड़े बाट देखते रहते हैं। जब भवन की चिमनी से उक्त रंग का धुआँ निकलता दिखाई पड़ता है, तब यह समझ लिया जाता है कि निर्वाचन-कार्य संपन्न हो गया है।

कभी-कभी यह कहना कठिन हो जाता है कि कोई संकेत आंगिक है या बाह्य। भारतीय इतिहास में एक प्रसंग आता है मुहम्मद गौरी का। उसने भारत पर सत्रह बार चढ़ाई की थी। वह बराबर हारता गया और विजेता पृथ्वीराज उसे हर बार क्षमा करता रहा। सत्रहवीं बार दुर्भाग्यवश पृथ्वीराज पराजित हो गया और मुहम्मद गौरी उसे बंदी बनाकर ले गया। उसने उसकी आँखें फुड़वा दीं और उसे ग़ज़नी के कारागार में डाल दिया।

पृथ्वीराज के दरबार में एक भाट कवि था चंदबरदाई। उसने शपथ खाई कि वह पृथ्वीराज के अपमान का बदला लेगा। वह वेश बदलकर ग़ज़नी पहुँचा। उसने मुहम्मद गौरी को अनेक विरुदावलियाँ सुनाईं, जिससे वह प्रसन्न हो गया। चंदबरदाई ने शाह को बताया कि महाराजा पृथ्वीराज शब्दभेदी बाण-विद्या में निपुण हैं। शाह

ने उक्त-विद्या का प्रदर्शन देखने के लिए उत्सुकता प्रकट की। इस कार्य के लिए एक दिन निश्चित किया गया। दरबार खचाखच भरा हुआ था। शाह के पास एक ढोल रख दिया गया। यह तय हुआ कि ढोल की थाप पड़ने पर उसी की आवाज़ की सीध में पृथ्वीराज तीर चलाएगा।

चंदबरदाई ने पृथ्वीराज के बैठने के स्थान से राज सिंहासन तक की दूरी किसी तरह नाप ली। बाण-विद्या के प्रदर्शन के समय चंदबरदाई ने यह दोहा पढ़ा :

चार बाँस, चौबीस गज़ अंगुल अष्ट प्रमाण।
ताके ऊपर सुलतान है, मत चूको चौहान।।

यह संकेत आधुनिक त्रैविम ज्यामिति (Three-dimensional geometry) की मापन-प्रणाली से पूरा-पूरा मेल खाता है। बाँस पुराना माप था, जिसका मान 3¼ (सवा तीन) गज़ था और एक अंगुल 3/4 (पौन) इंच के बराबर। इस प्रकार उपरिलिखित दोहे का अर्थ हुआ :

तेरह गज़ सामने की ओर,
चौबीस गज़ दाहिनी या बाईं ओर,
फिर छह इंच ऊपर की ओर।

इस दोहे से यह स्पष्ट नहीं होता कि सामने जाने के बाद दाहिनी ओर घूमना है या बाईं ओर। जब ढोल पर थाप पड़ी तब इसका भी पता चल गया। पृथ्वीराज ने उसी दिशा में तीर चलाया, जो ठीक निशाने पर बैठा। सुलतान वहीं ढेर हो गया। दरबारी उन दोनों की ओर दौड़ पड़े। चंद ने अपनी जटाओं में से छुरा निकाला। उसने पहले तो पृथ्वीराज के पेट में छुरा घोंप दिया और फिर उसी से स्वयं भी मौत के घाट उतर गया।

भाषा की उत्पत्ति

जब हमारा किसी व्यक्ति से अत्यंत घनिष्ठ संबंध हो जाता है तो हमें उसके बारे में छोटी-मोटी बातें जानने की कोई विशेष उत्सुकता नहीं रहती। भाषा ही आज हमारी नियामक शक्ति है। मनुष्य इस पर इतना आश्रित हो चुका है कि सामान्य व्यक्ति के मन में यह विचार शायद ही कभी कौंधा हो कि मनुष्य-भाषा की कभी उत्पत्ति भी हुई होगी। एक साधारण अशिक्षित मनुष्य से यदि यह प्रश्न पूछा जाए कि उसकी भाषा की उत्पत्ति कैसे हुई होगी? तो वह यही उत्तर देगा—"आप भी अजीब बात करते हैं। यह उसी रूप में चली आ रही है, जिसमें मैं और आप बोलते हैं।"

भाषा के जन्म की जिज्ञासा-तृप्ति के लिए ही अनेक मतों का प्रचलन हुआ है और स्वभावतः विद्वानों में इस विषय को लेकर मतभेद भी हैं। फिर भी ये सभी विचारणीय हैं।

(1) **दैवी-सिद्धांत** (Divine Theory) : सभी धर्मावलंबियों की मान्यता है कि संसार में भाषा सबसे पहले उन्हीं के देश में उत्पन्न हुई। जिस प्रकार ईश्वर ने सृष्टि की रचना की, मुनष्य को उत्पन्न किया, उसी तरह उसने एक भाषा का भी निर्माण कर दिया। यही कारण है कि हिंदू लोग वेद को अपौरुषेय तथा संस्कृत को 'देव-वाणी' कहते हैं। पाणिनि का कथन है कि भगवान् शिव ने चौदह बार डमरू बजाया और उसी से संस्कृत-व्याकरण के मूल चौदह सूत्र निकले। इसीलिए उन्होंने इनका नाम 'माहेश्वर-सूत्र' रख दिया।

मुसलमान 'कुरान' की भाषा को आदि भाषा कहते हैं। उनका विश्वास है : "इब्तदा में कलाम था, और कलाम खुदा के साथ था, और कलाम खुदा का था।" इसी आस्था को लोग संक्षिप्त रूप में बताते हैं कि "कुरान अल्लाताला का कलाम है।"

बौद्ध लोग अपने धर्म ग्रंथों की भाषा 'पालि' को समस्त भाषाओं का मूल समझते हैं। पालि-व्याकरण के रचयिता कच्चायन का कथन है :

''एक भाषा (सभी भाषाओं का) मूल है; कल्प के आरंभ में मनुष्य और ब्राह्मण, जिन्होंने पहले एक मनुष्य-स्वर भी मुख से नहीं निकाला था, इसी को बोलने लगे। भगवान् बुद्ध भी इसी को बोलते थे, वह भाषा मागधी है।...यदि माता-पिता अपनी भाषा बच्चे को न सिखलाएँ तो वह स्वाभाविकतया मागधी भाषा ही बोलेगा। इस प्रकार एक निर्जन वन में रखा हुआ आदमी यदि स्वभाव-वश बोलने का यत्न करे, तो उसके मुख से मागधी ही निकलेगी...भगवान् बुद्ध ने अपने त्रिपिटक की रचना भी इसी सनातन भाषा में की है।''

—मैक्समूलर : लेक्चर्स ऑन दि साइंस ऑफ
लैंग्वेज़, भाग 1, पृष्ठ 145-147

जैनियों ने अर्धमागधी को मूल भाषा कहा और कैथोलिक ईसाइयों ने 'प्राचीन विधान' (Old Testament) की भाषा हिब्रू को। उनकी धारणा है कि सृष्टि के आरंभ में अदन के बाग़ में रहने वाले आदम और हव्वा हिब्रू में ही बातचीत करते थे।

मिस्र के एक बादशाह को ऐसे धर्मावलंबियों के मतों पर शंका हुई। उसने दो नवजात शिशुओं को ऐसे स्थान पर रखा जहाँ वे किसी भी तरह लोगों के संपर्क में न आ सकें। उसका अनुमान था कि यदि भाषा ईश्वर-प्रदत्त होगी तो उन्हें थोड़े बहुत शब्द स्वतः आ जाएँगे।

किंतु आगे चलकर दोनों बच्चे गूँगे निकले। वे केवल एक ही शब्द 'बेकोस' बोल पाते थे। 'बेकोस' फ्रिजियन भाषा में 'रोटी' को कहते हैं। नौकर ने कभी उन्हें रोटी देते समय 'बेकोस' शब्द का उच्चारण किया होगा और बालकों ने उसी का अनुकरण कर लिया था।

लगभग इसी प्रकार के सिद्धांत अनेक धर्म-प्रवर्तकों ने प्रतिपादित किए। किंतु ऐसे सिद्धांत अधिकतर अंध-विश्वासों पर आधारित हैं। अतः इन्हें प्रमाणवत् नहीं माना जा सकता। यदि भाषा ईश्वरीय देन होती तो संसार में तीन हज़ार भाषाओं की उत्पत्ति की क्या आवश्यकता थी? सभी मनुष्यों का एक ही भाषा से काम चल जाता। जानवरों में हम देखते हैं कि चिड़ियाँ प्रायः एक ही ढंग से चहचहाती हैं, कौवों की बोली काँव-काँव ही होती है और बिल्लियों की म्याउँ-म्याउँ भी एक-जैसी। किंतु ईश्वर ने मनुष्यों को वाग्यंत्र तो एक-सा ही दिया, फिर भिन्न-भिन्न प्रकार की हज़ारों बोलियाँ कैसे उत्पन्न हो गईं?

(2) संकेत-सिद्धांत (Symbol Theory) : कुछ भाषा-वैज्ञानिकों का मत है कि जिस प्रकार पशु आँखों से, अथवा मुँह-सिर, हाथ-पैर हिलाकर अपनी बात प्रकट कर लेते हैं, उसी प्रकार आदि-पुरुष संकेतों से भाषा का काम लिया करते थे। परंतु इस तरह बहुत थोड़े से भावों की ही अभिव्यक्ति हो सकती है। इस कठिनाई को दूर

करने के लिए आदि-युग के सारे मानव एक स्थान पर एकत्र हुए। उनमें विचार विनिमय हुआ और उन्होंने विभिन्न भावों के लिए ध्वनि-संकेत स्थिर कर लिए। आगे चलकर उन्हीं ध्वनि-संकेतों से भाषा का आविर्भाव हुआ।

यह सिद्धांत बहुत ही हास्यास्पद एवं सार हीन है। इसका अर्थ तो यह हुआ कि जिस प्रकार हम आधुनिक लोग किसी विषय पर सोच-विचार करने के लिए सम्मेलन बुलाते हैं, उसी प्रकार की कार्यवाही आदि मानवों ने भी की होगी। किंतु एक बात सोचने की यह है कि सांकेतिक भाषा तैयार करने के लिए बुलाए गए सज्जनों को सूचना किस प्रकार दी गई होगी। और आख़िर किस भाषा में?

यदि मनुष्यों के पास कोई भाषा थी ही नहीं, तो उन्हें कैसे पता चला कि उनके ध्वनि-संकेत उनके भावों को व्यक्त करने में अपर्याप्त हैं। सहस्रों वर्षों से हम पक्षियों को तरह-तरह की ध्वनियाँ और कलरव करते देखते हैं, परंतु उन्हें आज तक इस बात का भान क्यों नहीं हुआ कि कोई ध्वनि-संकेत पद्धति निश्चित की जाए, जिसे सब लोग अपना लें। उन्होंने तो आज तक एक भी सम्मेलन नहीं बुलाया, तब उन लोगों ने यह कैसे निश्चित किया कि इस चौपाए को हाथी कहा जाए और इस पक्षी को चील। क्या इस ढंग के भाव वे केवल ध्वनि-संकेतों द्वारा ही व्यक्त कर सकते थे?

यदि यह बात भी मान ली जाए कि पशु-पक्षियों के पास ऐसे साधन थे कि वे अपने वर्ग के जीवों को इकट्ठा करके और सम्मेलन बुलाकर विचार-विनिमय कर सकते, तो फिर उन्हें भाषा की आवश्यकता ही क्यों पड़ी?

(3) **मनोभाव सिद्धांत** (Pooh pooh Theory) : इस सिद्धांत का प्रतिपादन मैक्समूलर ने किया था। जब मनुष्य किसी तीव्र संवेग द्वारा ग्रस्त होता है, तो उसके मुँह से विशेष प्रकार की ध्वनियाँ निकलती हैं। ऐसा विस्मय, दुःख, घृणा और हर्ष आदि की दशा में दिखाई पड़ता है। 'आह', 'अहा' आदि ऐसी ध्वनियाँ आप-से-आप निकल पड़ती हैं और इन्हीं सहज ध्वनियों से धीरे-धीरे भाषा बन गई।

किंतु यह सिद्धांत स्वीकार करने योग्य नहीं है। किसी भी भाषा में केवल आवेगपूर्ण मनोभावों को व्यक्त करने वाले शब्द ही नहीं होते, बल्कि अनेक प्रकार के और भी शब्द होते हैं–जिनकी उत्पत्ति से इस सिद्धांत का कोई संबंध स्थापित नहीं होता।

मनोभावाभिव्यंजक शब्द तीव्र आवेग के समय ही मुँह से निकला करते हैं। एक बार बहुत से लोग हॉकी का मैच देख रहे थे जो बड़ा महत्त्वपूर्ण तथा रोचक था। दर्शक अधिकतर पढ़े-लिखे विद्यार्थी थे, जो कि अंग्रेज़ी के शब्दों द्वारा खिलाड़ियों की वाह-वाह कर रहे थे। वे इन शब्दों का प्रयोग कर रहे थे–वेल डन (Well-done), गो-अहड (Go ahead), किकइट (Kickit)...परंतु एक विशेष उत्तेजनापूर्ण अवसर आया तो एक छात्र से रहा न गया। वह उस समय सारी अंग्रेज़ी भूल गया और

उसके मुँह से ज़ोर से निकला 'दे धक्का!'

कई वर्षों पहले की बात है। उन दिनों हम लोग काशी हिंदू विश्वविद्यालय-परिसर में रहते थे और वहीं हमारे मकान के एक कमरे में साहित्यिक हिंदी गोष्ठी में शब्द गढ़े जा रहे थे। तब इंग्लैंड से एक क्रिकेट टीम भारत में मैच खेलने आई हुई थी। जिसका आँखों देखा हाल देश के लाखों व्यक्ति दिन भर सुना करते थे। हमारी नौकरानी का किशोर बेटा कमरे के बाहर कान से ट्रांजिस्टर सटाए टीका सुन रहा था और टिप्पणी भी किए जा रहा था। हम लोग अपने काम में जुटे थे, क्योंकि हमें क्रिकेट में कोई विशेष रुचि न थी। इतने में बाहर से ज़ोर की चीख-सी सुनाई दी। हम दौड़े हुए बाहर आए कि देखें मामला क्या है? वास्तव में ट्रांजिस्टर वाले किशोर के मुँह से निकला था—देखा, मेरे यार ने फिर चौआ मारा!

सोचने की बात यह है कि क्या उपरिलिखित आवेगपूर्ण शब्द कभी सामान्य भाषा के अंग बन सकते हैं? फिर इस ढंग के शब्द भी तो सभी भाषाओं में एक से नहीं होते। घृणा को व्यक्त करने के लिए हम हिंदी वाले छी-छी, धत्, धिक् आदि शब्दों का प्रयोग करते हैं, जबकि अंग्रेज़ी में पूह, पिश, हिश् आदि का व्यवहार होता है। इसी प्रकार दुःख की अवस्था में फ्रेंच में 'अहि' अंग्रेज़ी में 'ओह' तथा हिंदी में 'आह' अथवा 'हाय' का प्रयोग होता है।

इन उदाहरणों से स्पष्ट है कि तीव्र मनोवेगों को अभिव्यक्त करने के लिए भी सब भाषाओं में एक-जैसे शब्द नहीं होते। बैलगाड़ी हाँकते समय भी हिंदी भाषी चालक 'चः-चः' का प्रयोग करता है और अंग्रेज़ी भाषी 'टिक-टिक' का। कुछ हँकय्या तो पूरे वाक्य का भी प्रयोग कर जाते हैं, जैसे : 'चल जल्दी, मरे तेरा मालिक।' कुछ लोग तो यहाँ तक दुआ कर बैठते हैं—'गोली लगे तेरे पालने वाले को।' किंतु भावावेग में वे यह नहीं समझ पाते कि यह गालियाँ उन्हें ही लग रही हैं।

इतना तो हम मानते हैं कि यह सिद्धांत कुछ शब्दों पर ठीक बैठ जाता है, जैसे—वाह-वाह, हाय-हाय, धिक्कारना, हाहाकार...। परंतु ऐसे शब्द किसी भी भाषा में इतने कम होते हैं कि गिनती में आते ही नहीं।

इस सिद्धांत के लिए निश्चित 'पूह-पूह' (Pooh pooh) शब्द अंग्रेज़ी का है, जो कि घृणा-भाव को अभिव्यंजित करता है।

(4) **अनुकरण-सिद्धांत** (Bow-bow Theory) : कुत्ते की भौं-भौं ध्वनि से ही अंग्रेज़ी शब्द बाउ-बाउ (Bow-bow) निकला है और उसी के आधार पर इस सिद्धांत का नामकरण हुआ है। कुछ विद्वानों का यह विचार है कि मनुष्य ने सर्वप्रथम शब्दों का निर्माण अनुकरण के आधार पर किया होगा। लोगों ने देखा कि एक पक्षी 'काँव-काँव' करता है, तो उसका नाम तुरंत 'काक' या 'काग' रख दिया गया। कई हिंदुस्तानी भाषाओं में 'कौए' के लिए इसी प्रकार के शब्द प्रचलित हैं, जैसे—बंगला में 'खाऊ' और पंजाबी में 'काँ'। अंग्रेज़ी का Crow भी कदाचित् इसी से संबद्ध

है। बहुत-से शब्द इसी ढंग से निर्मित हुए मालूम पड़ते हैं जैसे—कोयल, म्याऊँ, घुग्घू। कुछ क्रियापदों में भी ध्वनि साम्य का यही सिद्धांत काम करता दिखाई पड़ता है, उदाहरणार्थ—हिनहिनाना, फड़फड़ाना, घिघियाना, गिड़गिड़ाना।

राजा दशरथ शिकार के लिए निकले। पानी की 'कलकल' ध्वनि सुनकर उन्हें धोखा हुआ कि नदी पर हाथी पानी पी रहा है। उन्होंने उस ध्वनि की सीध में शब्द-बेधी वाण चला दिया। वह आवाज़ तो अंधे माता-पिता के लिए पानी लेने के लिए आए हुए श्रवण कुमार के घड़े की थी। निशाना ठीक बैठने से वह बेचारा वहीं ढेर हो गया।

इस उदाहरण से अनुकरण-सिद्धांत की भ्रामकता काफ़ी स्पष्ट हो जाती है। फिर हरेक भाषा में इस ढंग के कुछेक शब्द ही ऐसे होंगे, जो कि अनुकरण द्वारा प्राप्त हुए हों। उत्तरी अमेरिका की एक बोली है—'अथबस्कन', उसमें इस ढंग का एक भी शब्द नहीं मिलता। जिन भाषाओं में ऐसे शब्द हैं भी, वे भी एक प्रतिशत से अधिक नहीं हो सकते। अतएव यह प्रश्नचिह्न तो लगा ही रहेगा कि शेष निन्यानवे प्रतिशत शब्द किस प्रकार बने?

यह तथ्य भी विचारणीय है कि सभी भाषाओं के अनुकरणात्मक शब्द एक-जैसे नहीं होते, जैसे—हिंदी में 'झरना', संस्कृत में 'निर्झर' कहलाता है। यदि यह मान लिया जाए कि यह शब्द 'झर-झर' से निकला है, तो उसे अंग्रेज़ी में 'स्ट्रीम' (Stream) क्यों कहते हैं और रूसी में 'रुचई'? यदि इस प्रकार के सारे शब्द ध्वनि-साम्य के आधार पर बने होते, तो सभी भाषाओं में एक-से होते।

जब कोई 'पत्ता' पेड़ से गिरता है, तो 'पत्' जैसी आवाज़ होती है। व्युत्पत्तिकारों का मत है कि 'पतन' शब्द इसीलिए प्रचलित हुआ, जिसका अर्थ है—गिरना। और इसी 'पत्' धातु से अनेक शब्दों की उत्पत्ति हुई, जैसे—पत्र, पत्तल, पतला, पत्ता, पताका। यह सब होते हुए भी प्रश्न उठता है कि अंग्रेजी में 'गिरना' का क्रिया-पद 'Fall' क्यों है?

(5) **श्रम-ध्वनि सिद्धांत अथवा यो-हो-हो सिद्धांत** (Yo-ho-ho Theory) : इस सिद्धांत के प्रवर्तक थे श्री नोआरे। उनका मत था कि जब मनुष्य कोई शारीरिक परिश्रम करता है, तो उसके श्वास-प्रश्वास का वेग तीव्र हो जाता है। ऐसी स्थिति में उसके मुँह से कुछ निरर्थक ध्वनियाँ निकलती हैं, जैसे—ठेले ढोने वाले कहते हैं : 'हइया रे हइया'। नाविक भी इसी प्रकार 'हइया रे हइया' का प्रयोग करते हैं। धोबी कपड़े धोते समय बोलते हैं—'छियो राम छियो राम!' गिट्टी कूटने वाले मज़दूरों के मुख से हथौड़ा चलाते समय निकलता है—'हैं! हैं!' श्री नोआरे का विचार है कि इसी ढंग की ध्वनियों से भाषा का जन्म हुआ।

इसी सिद्धांत को ध्यान में रखकर कल्पना की गई कि आदि मानव सामूहिक रीति से शिकार करते समय, या पेड़ गिराते हुए इस प्रकार की ध्वनियों का उच्चारण

करता था। उन्हीं ध्वनियों ने शब्दों का रूप धारण किया और इस प्रकार भाषा की उत्पत्ति हुई।

परंतु ये तर्क मानने योग्य नहीं हैं। ऐसी निरर्थक ध्वनियों का किसी भी भाषा में कोई स्थान नहीं होता। यों कहना चाहिए कि ये ध्वनियाँ किसी भी भाषा का वास्तविक अंग नहीं बन सकतीं। निरर्थक ध्वनियों से सार्थक ध्वनियाँ बनना असंभव-सी बात है। यदि कुछ छानबीन की जाए तो ऐसे थोड़े-से शब्द अवश्य मिल जाएँगे, जैसे 'छियो-छियो' से 'पछाड़ना'। किंतु इस प्रकार के शब्द नगण्य ही होंगे।

(6) धातु-सिद्धांत (Root Theory) : इस सिद्धांत के प्रवर्तक थे जर्मन के विद्वान् हेज (Heyes) और मैक्समूलर (Max Muller)। उनका विचार था कि आदि मानव ने चार-पाँच सौ धातुओं (क्रियापदों) का निर्माण किया था। इन धातुओं के उपचार के आधार पर शब्द बने और फिर इन्हीं से भाषा की संरचना हो गई। किंतु सवाल उठता है कि आदि मानव ने कुछ मूल धातुओं का निर्माण क्यों किया? संसार की सभी भाषाएँ क्या धातुओं पर आधरित होती हैं? चीनी भाषा पर तो यह सिद्धांत लागू नहीं होता, वह तो एकाक्षरी भाषा है और उसमें धातु हैं ही नहीं। वस्तुतः यह सिद्धांत भी सांकेतिक उत्पत्ति का दूसरा रूप है और भाषा के जन्म के बारे में कोई सही समाधान प्रस्तुत नहीं करता।

(7) अनुरणन सिद्धांत (Ding-dong Theory) : इस सिद्धांत के जन्मदाताओं का विचार था कि जब हम किसी वस्तु पर चोट करेंगे, तो उसमें से कोई-न-कोई आवाज़ निकलेगी। इस आवाज़ का प्रकार इस बात पर निर्भर रहेगा कि हम किस वस्तु से किस पदार्थ पर चोट कर रहे हैं, मेज़ पर हाथ मारें, तो एक प्रकार की आवाज़ होगी। परंतु यदि गेंद को बल्ले से मारें तो वह आवाज़ दूसरी तरह की होगी। लोहे के घन पर हथौड़ी से चोट करने पर तीसरे प्रकार की आवाज़ होगी और यदि किसी बच्चे के गाल पर थप्पड़ मारें तो बिल्कुल भिन्न प्रकार की। इन्हीं आवाज़ों से बाद को विकसित होकर भाषाएँ बनीं। हिंदी के कल-कल, झनझन-भड़भड़, खटपट, खड़-खड़, सरसर तथा अंग्रेज़ी के थंडर (Thunder), ज़िग-जैग (Zig-Zag), जाज़ (Zazz) एवं डैजल (Dazzle) आदि शब्द इसी प्रकार के हैं। यह निश्चित है कि ये शब्द अनुरणन के फलस्वरूप ही भाषा को प्राप्त हुए हैं। परंतु ये गिनती में इतने कम हैं कि उनके आधार पर भाषा की उत्पत्ति की परिकल्पना दूर की कौड़ी लाने वाली बात होगी। इस सिद्धांत के लचर होने के कारण इसके प्रतिपादकों ने ही इसे निरस्त कर दिया।

इसी संदर्भ में एक रोचक घटना स्मरण हो आई है। एक दम्पति रात को एक कमरे में सो रहे थे। नीचे के तहखाने से ऐसी आवाज़ आई मानो कोई व्यक्ति किसी धातु पर हल्की-हल्की चोट कर रहा हो। आवाज़ सुनकर पत्नी ने पति से कहा—"मालूम होता है कि तहख़ाने में कोई चोर घुस आया है। जाकर देखो तो।"

पति बड़ा डरपोक था, बोला—''कोई नहीं आया, तुम्हें भ्रम हो रहा है।''

पत्नी ने बार-बार उकसाया—''चोर सारा माल उठाकर भाग जाएगा, पर तुम न उठोगे।''

बड़ी मजबूरी से पति उठा और लाठी लेकर चल दिया। चलते-चलते बोला—''अब तो मैं जा ही रहा हूँ, लौटकर आऊँगा या नहीं कह नहीं सकता। यदि लौटकर न आ सकूँ, तो यह मकान बड़े लड़के को दे देना और बाग़ छोटे लड़के को।'' इसी प्रकार उसने अपनी सारी जायदाद के बँटवारे के विषय में निर्णय दे दिया। फिर लाठी हाथ में पकड़कर, डरता-डरता सावधानी से एक-एक पग उठाता हुआ नीचे तहख़ाने में पहुँचा। उसे आशंका थी कि मौत से सामना होगा।

जब तहख़ाने में पहुँचा तो क्या देखता है कि फ़र्श पर जो टीन की चादर बिछी हुई थी, उस पर एक बिल्ली का बच्चा लकड़ी की गेंद से खेल रहा था। न जाने उसे वह गेंद कहाँ से मिल गई थी।

पत्नी उसके पीछे-पीछे आ गई। वह उससे बोला—''तुम तो अकारण डर जाती हो, यहाँ तो चोर-वोर कुछ भी नहीं है। आगे से याद रखो कि जब चोर आया करते हैं, तो वे किसी प्रकार की आवाज़ें नहीं करते, बल्कि अपना काम बिल्कुल चुपचाप करके चले जाते हैं।''

उस दिन के बाद जब कभी उसकी पत्नी की आँख रात-बिरात खुल जाती, तो वह तुरंत पति को जगाकर कहती—''किसी प्रकार की कोई आवाज़ नहीं आ रही, मालूम होता है कोई चोर आया है। ज़रा जाकर देखो तो!''

(8) **संगीत-सिद्धांत** (Sing-Song Theory) : इस सिद्धांत के अनुसार भाषा की उत्पत्ति मानव के संगीत से मानी जाती है। डारविन और स्पेंसर का मत है कि आरंभ में मानव ने खेल के रूप में ख़ाली वक्त में गाने से दिल बहलाया। शुरू में तो यह गुनगुनाना मात्र था, क्योंकि तब मुँह से अर्थहीन अक्षर निकलते थे। परंतु कालांतर में मानव को इस क्रिया में आनंद आने लगा। तब उसने अक्षरों को सजाया, सँवारा और इस प्रकार भाषा की उत्पत्ति हुई।

आधुनिक विज्ञान हमें बताता है कि संगीत का प्रभाव पेड़-पौधों की वृद्धि पर तो पड़ता ही है, जानवर तक उससे अछूते नहीं रहते। कई बार गायों पर संगीत के प्रयोग किए गए और यह देखने में आया कि उनके दूध का उत्पादन बढ़ने लगा था। ऐसे कितने ही प्रयोग पौधों पर भी हुए हैं और संगीत से प्रभावित पेड़-पौधों में अधिक बढ़ोतरी पाई गई है। भारत के प्रसिद्ध संगीतज्ञ स्वर्गीय पं. ओंकारनाथ ठाकुर तो कहा करते थे कि संगीत से कई असाध्य रोगों का उपचार तक हो सकता है। संभव है इस विचार का विकास किया जाए और किसी दिन संगीत की उपचार-पद्धति का भी प्रतिपादन होने लगे।

परंतु संगीत के लिए यह आवश्यक है कि गवैए की आवाज़ सुरीली हो। कुछ लोगों की आवाज़ इतनी कर्कश होती है, कि वहाँ से उठ जाने को जी चाहता है।

ऐसे संगीतज्ञों को 'सभा उखाड़ गवैए' कहते हैं।

(क) एक व्यक्ति किसी ग्रामीण को अपना गाना सुना रहा था। उसकी आवाज़ बिल्कुल बेसुरी थी। एक गाना गा लेने के बाद वह दूसरा आरंभ करने वाला था तो गृहिणी ने पूछा—"अब क्या गाओगे?"

उसने उत्तर दिया—"अब मैं गाऊँगा 'नदी-किनारे'।"

गृहिणी बोली—"भगवान् का शुक्र है। मैं तो समझी थी कि तुम यहीं गाओगे।"

(ख) एक सज्जन अपने आप को गवैया समझते थे। यद्यपि उनकी आवाज़ में कोई मिठास न थी। एक दिन वे बीमार पड़ गए। कई प्रकार के इलाज़ हुए, पर कोई लाभ न हुआ। एक वैद्य जी उस परिवार को अच्छी तरह जानते थे। उन्हें पता चला तो आकर कहा कि मैं इनका इलाज कर सकता हूँ। इन्होंने बहुत दिनों से किसी को अपना गाना नहीं सुनाया, क्योंकि इनको कोई श्रोता नहीं मिला। मैं इनके साथ कोठरी में बैठ जाता हूँ, दो घंटे तक इनका गाना सुनूँगा। तत्पश्चात् इनका सारा रोग दूर हो जाएगा और ये भले-चंगे हो जाएँगे।

दो घंटे बाद कमरे के किवाड़ खोले गए तो संगीतज्ञ महोदय बहुत खुश, हँसते-खेलते दिखाई पड़े। किंतु वैद्य की हृदय-गति रुक गई थी।

अतएव यह सिद्धांत भी स्वीकार करने योग्य नहीं है। एक तो कोई भी लेखक इसका स्पष्ट चित्रण नहीं कर पाया। दूसरे यह कि यह पूर्णतया अनुमान पर ही आधारित है। बहुत से लोगों को गाना आकर्षित करता है, इसमें कोई संदेह नहीं। किंतु इसी आधार पर भाषा की उत्पत्ति प्रतिपादित करना ऐसा ही है, जैसे कोई बच्चा यह कहे कि चंद्रमा तो मक्खन का बना हुआ होगा, क्योंकि मक्खन तो खाने में अच्छा लगता है।

(9) इंगित सिद्धांत (Indication Theory) : इस सिद्धांत का प्रतिपादन डारविन और आइसलैंड की भाषाओं के ज्ञाता एलग्जेंडर ने किया था। भारत में डॉ. राय ने इसे मान्यता देकर 'भारोपीय मूल भाषा' नामक ग्रंथ लिखा। उसका मत था कि हिंदी की अधिकतर धातुओं में क्रिया और ध्वनि का सामंजस्य रहता है। जैसे, जब हम शरबत पीते हैं, तो मुँह से सड़प-सड़प की आवाज़ निकलती है। इसीलिए उक्त पेय-पदार्थ का नाम 'शरबत' पड़ा। इसी आधार पर उनका यह कथन भी है कि जितनी धातुएँ ओष्ठ्य वर्णों से निकली हैं, उनका अर्थ है : बोलना, दबाना या बाहर निकालना; क्योंकि यही क्रियाएँ हमारे होंठ करते हैं।

इस प्रकार दंत्य ध्वनियों से निर्मित धातुएँ ऐसी होती हैं, जिनका संबंध स्पर्श करना, फैलना, ग्रहण करना आदि है।

यह सिद्धांत अधिक संतोषजनक नहीं है, क्योंकि यह कुछ ही क्रियाओं पर लागू होता है। आज तो शरबत के अतिरिक्त चाय तथा कॉफ़ी पेय भी हो गए हैं। यदि डॉ. राय के मत को दृष्टि में रखें तो चाय पीते समय 'चप-चप' और कॉफ़ी

पीते 'कप-कप' अथवा 'कफ़-कफ़' की ध्वनि निकलनी चाहिए, जैसा कि प्रायः नहीं होता। फिर, यदि इंगितों से ही भाषा की उत्पत्ति हुई होती, तो पशु-पक्षियों में आज तक कोई भाषा क्यों विकसित नहीं हुई? वे सदैव इंगितों से ही अपना काम चलाते आए हैं। मनुष्य के बच्चे भी तो इंगितों द्वारा ही अपने भावों की अभिव्यक्ति करते हैं, परंतु उन इंगितों से तो भाषा के सभी शब्द नहीं बनते। बच्चों को भी कोई भाषा सीखने के लिए विशेष प्रयत्न करना पड़ता है।

(10) विकास सिद्धांत (Theory of Evolution) : भाषा विज्ञानियों ने उपर्युक्त सभी सिद्धांतों का समन्वय करके उसका नाम रखा—'विकास सिद्धांत।' उनका विचार है कि भाषा की उत्पत्ति के लिए कोई एक सिद्धांत पर्याप्त नहीं होता। स्वीट तथा कई अन्य पाश्चात्य भाषा-वैज्ञानिक कहते हैं कि आरंभ में भाषा में तीन प्रकार के शब्द विद्यमान थे, यथा :

(क) अनुकरणात्मक शब्द : 'संस्कृत' में काक, कुक्कुट, कोकिल; 'अंग्रेजी' में कुक्कू (Cuckoo), कॉक (Cock) और 'हिंदी' में कौआ, कोयल, घुग्घू, भन-भन, भर-भर, हिनहिनाना, चहचहाना, भौं-भौं, पों-पों आदि। यही कारण है कि बहुत-सी भाषाओं के इस प्रकार के शब्दों में विचित्र साम्य मिलता है।

(ख) मनोभाव बोधक शब्द : ये शब्द भी अनेक भाषाओं में एक-जैसे मिलते हैं। आह, वाह-वाह, हाय, छिः, धिक् आदि शब्द भावावेश की अवस्था-विशेष के द्योतक हैं।

(ग) प्रतीकात्मक शब्द : शब्दों का यह वर्ग सबसे विस्तृत है। पहले-पहल बच्चों के मुख से बहुत-से निरर्थक शब्द निकलते होंगे। बोलने के लिए सबसे सुविधाजनक शब्द ओष्ठ्य वर्ग के अक्षर से आरंभ होने वाले होते हैं। बच्चे का सबसे पहला संपर्क माँ से होता है। अतएव उसने अपनी माता को 'माँ' कहना आरंभ किया। तत्पश्चात् पिता सामने आया, तब उसने 'पा' या 'पापा' कहना शुरू कर दिया। कुछ समय बाद यही उक्त संबोधनों के नाम पड़ गए।

प्रत्येक शब्द कैसे बना, यह कहना तो कठिन है। बहुत-से विद्वानों का मत है कि आस्ट्रेलिया में जब पहले-पहल कोई पुस्तक देखने को मिली तो वहाँ के निवासियों ने उसका नाम 'मूयूस' रख दिया। उक्त शब्द का अर्थ उन लोगों की भाषा में 'स्नायु' था। उन्होंने देखा कि जैसे स्नायु खुलते और बंद होते हैं, वैसे ही पुस्तक भी खुलती तथा बंद होती है। अतः वे पुस्तक को 'मूयूस' कहने लगे।

बाबू श्यामसुंदर दास का यह मत था कि उपरिलिखित तीनों वर्गों के शब्दों के अतिरिक्त एक वर्ग और भी है, जिसे 'औपचारिक वर्ग' कहते हैं। उनके विचार में 'मूयूस' भी औपचारिक शब्द था। हमारा 'सब्ज़ी' शब्द भी इसी औपचारिक वर्ग का है। 'सब्ज़' का अर्थ है 'हरा'। अतः आरंभ में यह शब्द केवल 'हरी तरकारी' लिए प्रयुक्त होता था, जैसे—धनिया, पोदीना, लौकी, तोरी आदि। परंतु आज इस

शब्द का प्रयोग सब प्रकार की तरकारियों के लिए होता है। इसमें आलू, अरबी, शकरकंदी जैसी तरकारियाँ भी आ जाती हैं, जिनका हरे रंग से कोई संबंध नहीं है।

फिर भी यह मानना पड़ेगा कि मनुष्य आंरभ में हस्तादि के संकेतों का प्रयोग करता होगा। ज्यों-ज्यों शब्द-भंडार बढ़ते गए, आंगिक संकेत कम होते गए। आदि-काल में आंगिक संकेतों में मुँह का भी योगदान था, तब सुर तथा लंबी और जटिल ध्वनियों का प्रयोग अधिक होता था। धीरे-धीरे 'मुख-सुख' तथा 'प्रयत्न-लाघव' के रूप में शब्दों में स्वभावतः परिवर्तन और विकास होता गया। 'आवश्यकता आविष्कार की जननी है'—इस उक्ति के अनुसार नित्य नवीन सामाजिक चेतनाओं की अभिव्यक्ति के लिए शब्द गढ़े जाते रहे और भाषा-चक्र विकास के मार्ग पर बढ़ता रहा।

भाषा-विज्ञानियों ने सन् 1866 में पेरिस में 'भाषा विज्ञान परिषद्' की स्थापना की। उस परिषद् में कई दिनों तक विचारविनिमय होता रहा। अंत में यह निष्कर्ष निकला कि भाषा की उत्पत्ति भाषा-विज्ञान का विषय ही नहीं है। इसका संबंध तो नर-शास्त्र (Anthropology) तथा समाजशास्त्र (Sociology) से है। अतएव अब भाषिकी (Linguistics) विषयक पुस्तकों में इस प्रसंग की चर्चा नाम मात्र की ही होती है।

भाषा की प्रकृति

जैविक संकेत

जैसा कि हम ऊपर कह आए हैं, अभिव्यक्ति के कई साधन होते हैं। अभी तक हमने संकेतों का ही ज़िक्र किया है। भाषा भी बनी तो संकेतों से ही है। परंतु यह संकेत सामान्यतः मुँह से बोले जाते हैं। यों तो संसार में लगभग तीन हज़ार भाषाएँ हैं, परंतु 'भाषा' की सही-सही परिभाषा देना बहुत कठिन है। कहाँ पर हमारी अभिव्यक्ति संकेतों से निकलकर भाषा बन जाती है, यह बताना बड़ा दुष्कर कार्य है।

जब किसी जंगल में बाघ निकलता है, तो बंदर उसे देखकर एक विशेष प्रकार की आवाज़ करते हैं। वन के समस्त प्राणी उसे सुनकर समझ जाते हैं कि बाघ अथवा कोई अन्य जंगली जानवर आ रहा है और हम लोग सावधान हो जाएँ तुरंत सभी जीव-जंतु शोर मचाते इधर-उधर छिप जाते हैं। क्या उन आवाज़ों को हम 'भाषा' कह सकते हैं?

बहुत दिनों तक लोग यही समझते रहे कि भाषा केवल मानव की थाती है। पिछले अध्याय में हम यह बता चुके हैं कि वनस्पति-जगत् के प्राणी एक-दूसरे को अर्थपूर्ण संदेशा देते हैं, फिर भी उसे 'भाषा' तो नहीं कह सकते। मधुमक्खियों के जीवन का बहुत से विज्ञानियों ने अध्ययन किया है और वे इस निष्कर्ष पर पहुँचे हैं कि मधुमक्खियाँ अपने संकेतों से कई प्रकार की सूचनाएँ अपनी सहयोगिनियों को देती हैं। मान लीजिए एक मधुमक्खी उड़ते-उड़ते कहीं दूर चली गई और उसे कोई नई फुलवारी दिखाई पड़ी, जिसमें पर्याप्त मात्रा में मधु विद्यमान है, तो वह लौटकर आएगी और अपने छत्ते की शेष मधुमक्खियों को इस बात की सूचना देगी। वह कई प्रकार का नृत्य जानती है। यदि वह किसी गोल चक्कर में घूमती है, तो

उसका मतलब यह है कि नई फुलवारी कहीं दूर नहीं है, लगभग दस मीटर के अंदर ही है।

एक दूसरे प्रकार का नृत्य होता है, जो अंग्रेज़ी के अंक आठ (8) की शक्ल का होता है। यदि मक्खी इस प्रकार का नृत्य करे तो उसका अर्थ यह है कि नई फुलवारी दस मीटर के अंदर नहीं है, वह लगभग सौ मीटर दूर है। इसके अतिरिक्त नया मधु-कोष किस दिशा में है, इसकी सूचना भी मधुमक्खी दे देती है। यदि वह सूरज की दिशा में हो तो मधुमक्खी ठीक ऊपर की ओर उड़कर पीछे लौट आएगी। यदि वह सूरज की विमुख दिशा में हो तो मक्खी नीचे की ओर उड़ेगी और लौट आएगी।

सब मधुमक्खियों की भाषा एक सी नहीं होती। इटली की मधुमक्खियों एवं हिंदुस्तान की मधुमक्खियों की भाषा में थोड़ा-सा अंतर रहेगा। फिर एक ही देश की मधुमक्खियों की प्रजातियों में भी अंतर रहता है। कुछ मधुमक्खियाँ यह सूचना भी दे देती हैं कि मधुकोष में किस प्रकार का मधु है, चंपा के फूल का या चमेली के पुष्प का। इसके अतिरिक्त वे यह सूचना भी दे देती हैं कि मधु थोड़ा-सा ही है अथवा प्रचुर मात्रा में।

मधुमक्खियों के अतिरिक्त और भी कई प्रकार के जीव-जंतु हैं, जो एक-दूसरे को संदेश देते रहते हैं, जैसे–टिट माउस, चैफ़िंज, श्यामा, डॉलफिन आदि। बहुत से जंतु विशेषज्ञों ने कई प्रकार के पक्षियों एवं जंतुओं का विशेष अध्ययन किया है। उन्होंने यह भी प्रयत्न किया है कि कुछ जीव-जंतुओं को मनुष्य की बोली सिखा दी जाए, किंतु इस दिशा में उन्हें बहुत थोड़ी सफलता मिली है। कुछ प्राणियों में तो इतनी क्षमता होती है कि वे मनुष्य की भाषा के थोड़े से शब्द सीख लें; जैसे लंगूर, गोरिल्ला, चिंपांजी, वनमानुष, तोता, मैना इत्यादि।

एक चैम्पेजी शिशु गुआ को मनुष्य के एक बच्चे के साथ सोलह महीने रखा गया। किंतु वह सौ शब्दों से अधिक न समझ पाया। एक अन्य चिंपांजी शिशु बहुत प्रयत्न करने पर भी मामा, पापा जैसे थोड़े से शब्दों के आगे न बढ़ सका। बंदर बहुत सी मुखाकृतियाँ बना लेता है। वह गुर्राना, दाँत किटकिटाना, चीखना आदि से अपने विभिन्न भावों को दर्शा देता है। डॉलफिन एक प्रकार का समुद्री जीव होता है, जो कुछ बातों में ह्वेल से मिलता-जुलता है। यह भी कई प्रकार की आवाज़ें कर लेता है, किंतु उन आवाज़ों का प्रयोग कुछ विशेष प्रयोजनों के लिए ही होता है, यथा–मार्ग बताना, संकट की चेतावनी देना, सहवास-निमंत्रण करना आदि।

बहुत-से वैज्ञानिकों ने जीव-जंतुओं की बोलियों का अध्ययन किया है। यह बड़ा रोचक विषय है। पालतू पक्षियों में से तोता और मैना ऐसे जीव हैं, जिन पर विशेष रूप से प्रयोग किए गए हैं। इनमें से कुछ पक्षी तो साफ़ तौर से मनुष्य की बोली की नक़ल कर लेते हैं। किंतु वे थोड़े से रटे-रटाए वाक्य ही बोल सकते हैं।

एक उपाख्यान है। एक व्यक्ति ने अपने पालतू तोते को कुछ प्रश्न और उत्तर रटा रखे थे। उनके एक मित्र पधारे, तो उन्होंने कहा कि उक्त प्रश्नों में से कोई प्रश्न तोते से करें।

मित्र ने तोते से कहा—दाहिनी टाँग पर खड़े होकर दिखाओ।

तोते ने वैसा ही किया।

मित्र ने कहा—अब बाईं टाँग पर खड़े होकर दिखाओ।

तोते ने यह भी कर दिया।

मित्र को मसख़री सूझी। उसने तोते से कहा—अब दोनों टाँगें ऊपर करके दिखाओ।

तोते ने उत्तर दिया—यदि दोनों टाँगें ऊपर कर लूँगा तो गिर नहीं पड़ूँगा, मूर्ख!

कृत्रिम भाषा

यह मानना पड़ेगा कि संदेश-वहन का सबसे सुविधाजनक तथा शक्तिशाली माध्यम 'भाषा' है। मनुष्य ने अपनी सुविधा के लिए बहुत-सी भाषाएँ बनाई हैं। इनमें से कुछ तो कूट भाषाएँ होती हैं, जो गुप्त संदेशों के लिए प्रयुक्त होती हैं। ऐसी भाषा में प्रत्येक शब्द में किसी स्थान पर कोई विशेष अक्षर जोड़ दिया जाता है, जैसे :

(1) "चि मैं चि जा चि र चि हा चि हूँ।"

कहने वाला बोल रहा है—"मैं जा रहा हूँ।" किंतु इन चार शब्दों के वाक्य में 'चि' पाँच बार जोड़ दिया गया है।

(2) 'तेपनेरे भापनाई नेपने रोपनोटी उठापने कीपनी कोपनोशिश कीपनी थीपनी।"

कहने वाला बता रहा है—"तेरे भाई ने रोटी उठाने की कोशिश की थी।" इस वाक्य में प्रत्येक शब्द के बीच में 'पने' शब्द जोड़ा गया है।

इस ढंग की भाषा वही समझ सकता है, जिसको इसके सुनने का अभ्यास हो। साहित्य-जगत् में भी चमत्कार प्रदर्शन की दृष्टि से इस प्रकार की गुप्त-भाषा का प्रयोग होता रहा है। कबीरजी की उलटबाँसियों और भक्त सूरदास के दृष्टिकूट इसी प्रकार के गोपनीय शब्दों पर आधारित हैं। एक दृष्टिकूट प्रस्तुत है :

मुनि पुनि रसन के रस लेख।
दसन गौरीनंद का लिखि सुबल संवत् पेख।।

सूरदास जी ने अपनी पुस्तक 'साहित्य-लहरी' के निर्माण करने का समय इन शब्दों द्वारा प्रकट किया है, यथा :

मुनि=7 (सप्त-ऋषि)
पुनि=7 (पुनः=दोबारा, वही शब्द 'सप्तर्षि')

रसन के रस=6 (खाने वाले रस=खट्टा, मीठा, नमकीन, कड़वा, कषाय, तिक्त)

दशन गौरीनंद=1 (गणेश जी का दाँत)

इस प्रकार यह रचना-काल संवत् 1677 बनता है। इसमें गिनती का क्रम उलटा है, नीचे से ऊपर की ओर।

संदेश-प्रेषण की विधियाँ

भाषा और लिपियों के आविष्कार के बाद लिखित संदेश भेजे जाने लगे। इसके भी कई रूप थे। प्राचीन समय में ये संदेश भोजपत्र पर लिखे जाते थे। कुछ राजा-महाराजा एक कपड़े पर अपना संदेश लिखवा देते थे और उसे एक पतले डंडे पर लपेटकर भेज दिया जाता था। उन दिनों डाक-व्यवस्था तो थी नहीं। ऐसे पत्र ले जाने वाले हरकारे बहुत बार साँडनी पर सवार होकर जाते थे।

'हरकारा' शब्द हिंदी के 'पत्रवाहक' का फ़ारसी पर्याय है। इसकी व्युत्पत्ति 'हरकत+करने वाला' से हुई है। 'हरकत' (गतिशीलता) का रेगिस्तान में मुख्य साधन साँडनी ही था। संभवतः साँडनी पर सवार होकर हरकत करने वाले चिट्ठी रसाँ (पत्रवाहक) के लिए ही मुख-सुख के कारण 'हरकत करने वाला' शब्द-समूह केवल 'हरकारा' बन गया।

कुछ लोग पतंग पर संदेश लिख देते थे और उसे उड़ाकर गंतव्य स्थान पर गिरा देते थे। परंतु इस प्रकार के संदेश बहुत पास की जगहों पर ही भेजे जा सकते थे। यदि दूर के स्थानों पर संदेश भेजना होता तो पत्र लिखकर कबूतर की टाँग पर बाँध दिया जाता था। कबूतर सधा हुआ होता था और उसे गंतव्य स्थान का रास्ता मालूम होता था। कबूतरों के द्वारा पत्र भेजना तो एक आम बात थी। उर्दू के एक शायर ने शेर के रूप में एक प्रश्न किया है :

ख़त कबूतर किस तरह ले जाए बामे यार[1] पर।
पर कतरने को लगी हैं कैंचियाँ दीवार पर।।

इसका उत्तर एक दूसरे शायर ने इस प्रकार दिया :

ख़त कबूतर इस तरह ले जाए बामे यार पर।
पर पे[2] ख़त हो, ख़त हो पर और पर कटें दीवार पर।

कभी-कभी भाषा के द्वारा भी पत्राचार हो जाता है। एक कवि थे आलम। उन्होंने एक बार अपनी पगड़ी रंगरेज़िन को रँगने के लिए दी। उन्होंने कभी काग़ज़

---

1. यार की छत।
2. पंखों के ऊपर।

पर दोहे का एक चरण लिखकर अपनी पगड़ी में खोंस दिया था। सोचा था कभी उपयुक्त शब्द मिलने पर दोहे का दूसरा चरण रचकर उसे पूरा कर लेंगे। जिस रंगरेज़िन को पगड़ी दी गई, उसका नाम शेख़ था। जब रंगरेज़िन ने पगड़ी को रंग में डुबोने से पहले सादे पानी में धोया, तो उसे काग़ज़ का एक टुकड़ा दिखाई पड़ा। उस पर लिखा था :

"कनक छरी सी कामिनी, काहे को कटि छीन।"

शेख़ ने निम्नलिखित पंक्ति जोड़कर दोहा पूरा कर दिया :

"कटि को कंचन काटि विधि, कुचन मध्य धर दीन।"

ये शब्द लिखकर शेख़ ने काग़ज़ का वह टुकड़ा फिर पगड़ी में बाँध दिया। आलम ने दोहा पढ़ा, तो उस पर मुग्ध हो गए। दौड़े हुए शेख़ के पास पहुँचे, रंगरेज़िन को एक आना तो पगड़ी की रंगाई का दिया और एक हज़ार रुपए दोहे की पूर्ति के लिए। इसी तरह आलम और शेख़ में प्रेम-संबंध जुड़ा और फिर वे विवाह-सूत्र में बँध गए। वे एक-साथ कविता करते रहे और वर्षों आनंदपूर्वक रहे।

भाषा एवं संकेताक्षरी

'भाषा' शब्द संस्कृत मूल 'भाष्' से निकला है, जिसका अर्थ है—'बोलना'। स्पष्ट है कि भाषा मुख्यतः मौखिक होती है। इसी को आम बोलचाल में 'बोली' भी कहते हैं। यों व्यवहार में हम बहुधा 'भाषा' शब्द का व्यापक अर्थ में प्रयोग करते हैं। कुछ लोग चुटकियाँ बजाकर अपना अभिप्राय व्यक्त करते हैं। हम 'हाँ' कहने के लिए अपने सिर को उदग्र दिशा में हिलाते हैं और 'नहीं' कहने के लिए क्षैतिज दिशा में। इन संकेतों से हमारा भाव तो प्रकट हो जाता है, फिर भी इन्हें भाषा का नाम नहीं दिया जा सकता। भाषा का संबंध तो वाणी से ही होता है। 'भाष्' मूल से कई शब्द व्युत्पन्न हुए हैं, यथा—भाषण, अभिभाषण, संभाषण। आजकल टेलीफोन के लिए एक नए गढ़े हुए शब्द 'दूरभाष' का प्रचलन हो गया है।

एक चौपाई याद आ रही है :

अहिफन, कमल, चक्र, टंकार।
तरु, पल्लव, यौवन, शृंगार।।
अँगुलिन अक्षर, चुटकिन मात्रा।
राम करें लक्ष्मण से वार्ता।।

क्या यह भी एक प्रकार की सांकेतिक भाषा है? पहली अर्धाली का पहला अक्षर तत्संबंधी अक्षरमाला का द्योतक है, जैसे 'च' का अर्थ हुआ चवर्गीय अक्षर च, छ, ज, झ। फिर अक्षर कौनसा है, इसका द्योतन उँगलियों द्वारा किया जाता है और मात्राओं का संकेत चुटकियों से।

नागरी लिपि में बारह मात्राएँ होती हैं। अब मान लीजिए, हमें 'रोटी' शब्द

कहना है। 'रोटी' शब्द का पहला अक्षर 'र' अन्तस्थ वर्णों के चतुष्टय (य, र, ल, व) में दूसरे नंबर पर है। अतएव हम हाथ से 'यौवन' का संकेत देंगे और दो उँगलियाँ दिखा देंगे। यह हमारा 'र' बन गया।

मात्राओं में 'ओ' की मात्रा का दसवाँ स्थान है। अतएव उसे दर्शाने के लिए दस चुटकियाँ बजाई जाएँगी। इस प्रकार हमने 'रो' बना लिया।

अब 'टी' कहने के लिए हम 'टंकार' वाला चिह्न बनाकर एक उँगली दिखाएँगे, क्योंकि 'ट' अक्षर 'टवर्ग' वाले व्यंजनों में सबसे पहला है। 'ई' की मात्रा स्वर अक्षरों में चौथे स्थान पर आती है, उसे व्यक्त करने के लिए चार चुटकियाँ बजाई जाएँगी। इस प्रकार हमारा 'टी' बन गया।

स्पष्ट है कि यह प्रणाली व्यावहारिक नहीं है, क्योंकि भाव व्यक्त करने के लिए इसमें बहुत देर लगती है। अतएव इसका केवल सैद्धांतिक महत्त्व है, जो उदाहरण मात्र के लिए पर्याप्त है। सच पूछिए तो यह भाषा कदापि नहीं है, इसे 'संकेताक्षरी' अवश्य कहा जा सकता है।

हमारे एक मित्र बीमार पड़े। उन्होंने एक नियम बना लिया कि अब वे 'ओ३म्' के सिवाय किसी और शब्द का प्रयोग नहीं करेंगे। उनकी कथन-पद्धति इस प्रकार बन गई :

एक 'ओ३म्' पानी पिलाओ।
दो 'ओ३म्' कुछ खाने को दो।
तीन 'ओ३म्' मुझे शौचालय ले चलो।

इस पद्धति में संख्याओं एवं शब्दों के रूप में भाषा का भी थोड़ा-सा प्रयोग तो हुआ है, परंतु भाषा का मुख्य रूप से यह कृत्य नहीं है।

भाषा की परिभाषा

अनेक भारतीय तथा पाश्चात्य विद्वानों ने भाषा की अनेक परिभाषाएँ दी हैं। हमारे विचार में सबसे सरल परिभाषा श्री कामता प्रसाद गुरु की है :

"भाषा वह साधन है, जिसके द्वारा मनुष्य अपने विचार दूसरों पर भलीभाँति प्रगट कर सकता है और दूसरों के विचार स्वयं स्पष्टतया समझ सकता है।"

कथन के रूप में तो यह बात काफ़ी ठीक है। परंतु हम इसे परिभाषा तो नहीं मान सकते, क्योंकि इसमें वाणी का ज़िक्र तो आया ही नहीं। यदि कोई बहुत सरल-सी संकेत-प्रणाली बना ले, जिससे उसके प्रायः सभी भाव व्यक्त हो जाएँ तो कामता प्रसाद जी की परिभाषा के अनुसार उक्त प्रणाली भाषा कहलाने में समर्थ होगी। किंतु आधुनिक विचारकों की दृष्टि में वह एक संकेत-प्रणाली ही कहलाने योग्य होगी।

हमारी धारणा है कि 'भाषा' वह ध्वनि संकेतन है, जिसके द्वारा हम एक-दूसरे

से विचार व्यक्त करते हैं। कुछ साधु ऐसे होते हैं, जो उँगलियों तथा भाव-भंगिमा से लोगों के समक्ष अपने विचारों की अभिव्यक्ति कर लेते हैं। इन लोगों का सामान्य काम तो इससे निकल आता है, परंतु इसको भी हम 'भाषा' नहीं कह सकते।

भाषा का अनिवार्य अंग है—'ध्वनि'। ये ध्वनि-संकेत बिल्कुल स्वैच्छिक होते हैं। इनमें और तत्संबंधी वस्तुओं में कोई नैसर्गिक संबंध नहीं होता। अन्यथा किसी भी वस्तु के लिए सभी भाषाओं में एक-जैसे शब्द का प्रयोग होता। 'पानी' के लिए संस्कृत शब्द 'जल' है, अंग्रेज़ी में इसे 'वाटर' (Water) कहते हैं। फ़ारसी में इसके लिए 'आब' रखा गया है और फ्रांसीसी में 'ओ'। स्पष्ट है कि 'पानी' के ये समानक मनुष्य के बनाए हुए हैं और ये समाज के द्वारा व्यवहृत हो चुके हैं। अतएव ये रूढ़िगत हैं, जबकि इन शब्दों में और जल-पदार्थ में कोई भी प्राकृतिक संबंध नहीं है।

फिर शब्दों के अर्थ भी तो सदा एक-जैसे नहीं रहते। उनके अर्थ भी कई बार बदल जाते हैं। कई पुराने अर्थ झड़ जाते हैं और कई बार संशोधन होकर उनमें नए अर्थ लग भी जाते हैं। कुछेक उदाहरण प्रस्तुत हैं :

(1) वैदिक युग में 'असुर' शब्द के दो अर्थ प्रचलित थे। एक था 'स्वामी' और दूसरा 'दैत्य'। किंतु अब 'स्वामी' अर्थ का लोप हो चुका है और केवल 'दैत्य' ही शेष रह गया है।

(2) 'महाराज' शब्द का मूल अर्थ था किसी 'बड़े राज्य का अधिपति'। किंतु जब भोजन की शुद्धता के कारण ब्राह्मण जाति के लोग चौका-रसोई का काम करने लगे तो 'रसोइए' के लिए 'महाराज' शब्द का प्रचलन हो गया। बनारस हिंदू यूनिवर्सिटी के छात्रालयों में 'रसोइए' के लिए 'महाराज' शब्द रूढ़ हो चुका है, यद्यपि अधिकांश 'रसोइए' ब्राह्मण वंश के नहीं होते।

(3) पुरानी चाल के मदरसों में लड़के दवातों का प्रयोग करते थे, जिनमें काले रंग की रोशनाई पड़ी रहती थी। उसमें कपड़े का एक टुकड़ा डाल दिया जाता था। उक्त रोशनाई को 'स्याही' कहते थे। परंतु अब 'पार्कर', 'क्विंक' या 'कैमिल' कंपनी की शीशी में भरी किसी भी रंग की रोशनाई हो, उसे 'स्याही' ही कहा जाता है।

(4) 'सब्ज़ी' का प्राचीन अर्थ था—'हरी तरकारी', धनिया-पुदीना, साग-पात, लौकी-तोरी को ही 'सब्ज़ी' कहा जाता था। परंतु अब तो हरेक तरकारी को 'सब्ज़ी' कहते हैं। अरबी, आलू, बैंगन आदि भी अब तो 'सब्ज़ी' में समाविष्ट हो गए हैं? जबकि इनमें से किसी का रंग भी हरा नहीं होता।

ये ध्वनि-संकेत सार्थक होते हैं। व्यवहार की व्यापकता के कारण ये इतने सुपरिचित हो जाते हैं कि समाज का प्रायः प्रत्येक व्यक्ति इनका अर्थ समझ लेता है।

व्यवस्थित भाषा का महत्त्व

भाषा एक प्रणाली है, अर्थात् इसमें एक व्यवस्था विद्यमान रहती है। उक्त व्यवस्था में थोड़ा-बहुत परिवर्तन कर सकते हैं : परंतु ऐसा करने की एक सीमा होती है। मान लीजिए, हम कहते हैं—"अलमारी में पुस्तकें रखी हैं।" तो हम इसके बदले यह भी कह सकते हैं—"पुस्तकें अलमारी में रखी हैं।" किंतु हम यह नहीं कह सकते—"में अलमारी हैं रखी पुस्तकें।" इस कथन का सामान्यतः कोई अर्थ नहीं निकलेगा, क्योंकि इसमें शब्दों का क्रम रूढ़िगत नहीं है।

गोलकुंडे में एक भवन है, जिसकी छत बहुत ऊँचे-ऊँचे खंभों पर टिकी हुई है। यदि एक खंभे पर कोई हल्का-सा प्रहार करें, तो उसमें से कुछ मधुर आवाज़ निकलती है। ठीक उसी प्रकार की आवाज़ उसी हॉल के एक दूसरे खंभे से भी निकलती है, जो पहले खंभे और फ़र्श के केंद्र बिंदु की सीध में हो। अर्थात् वह पहले खंभे से विकीर्णतः विमुख हो।

किंवदंती है कि किसी राजा ने यह जानना चाहा कि यदि खंभे को तोड़कर उसकी ईंटों का क्रम-विन्यास बदल दिया जाए, तब भी क्या उन खंभों में वह ध्वनि-गुण रहेगा? इस हेतु उस राजा ने खंभे की ईंटों पर नंबर डालकर सब ईंटों को निकलवा लिया और किसी दूसरे क्रम में लगवाकर फिर खंभे खड़े करवा दिए। अतः खंभों का वह गुण जाता रहा। जब ईंटों को पुनः पुराने क्रम में ही लगाकर फिर खंभे खड़े कर दिए गए तो खंभों में दुबारा वही गुण आ गया।

यह कथा दक्षिण में तो बहुत प्रचलित है। हम यह नहीं कह सकते कि यह ऐतिहासिक तथ्य है, परंतु हम इसे असंभव भी नहीं समझते। हमारे विचार में खंभों का वह ध्वनि-गुण ईंटों की एक विशिष्ट व्यवस्था पर ही निर्भर था। यही स्थिति सिद्धहस्त लेखकों की भाषा की भी होती है। वह इतनी सुगठित होती है कि उसका एक शब्द भी इधर-उधर नहीं कर सकते।

हिंदी की प्रकृति

जीवंत भाषा का यह लक्षण है कि उसमें परिवर्तन होते ही रहते हैं। हमारे देखते-देखते अंग्रेजी जैसी पुरानी भाषा में परिवर्तन होते जा रहे हैं। अंग्रेज़ी की वर्तनी बहुत ही कठिन है। अमेरिका वाले उसमें संशोधन करके उसे आसान बनाने का प्रयत्न कर रहे हैं। हम यहाँ केवल दो-तीन उदाहरण देते हैं :

पुरानी वर्तनी	नई वर्तनी
Colour	Color
Night	Nite
Laugh	Laff

यह नई वर्तनी इंग्लैंड वालों ने स्वीकार नहीं की है। अतएव बहुत-से शब्दों की दो-दो वर्तनियाँ चल रही हैं। संभव है किसी दिन दोनों विचारधाराओं में समझौता हो जाए।

नए-नए शब्द भी बनते जा रहे हैं, जैसे नाटो (Nato), सीटो (Ceato), युनेस्को (Unesco)। आद्याक्षरी पर आधारित ये शब्द पुराने शब्दों के प्रथम वर्ण को जोड़कर बनाए गए हैं, यथा : नाटो (Nato) : North Atlantic Treaty organisation से बना है।

यह तो रही शब्दों की बात। अंग्रेज़ी भाषा की प्रकृति भी बदलती जा रही है। एक ही शब्द की पुनरावृत्ति भी चल रही है। किंतु यह अधिकतर बोलचाल की अंग्रेज़ी में दिखाई पड़ती है, यथा :

(1) The Curious thing about it is that, is... (Peter Barnes, BBCI, July 1990)

(2) What Mr. Kinnock's View is, is that... (John Sergeant, BBC Radio 4 August 1990)

(3) We are getting people who had a right to be out, out. (William Waldegrare, BBC 1, News 1990)

वाक्य में शब्द-लोप के उदाहरण तो तारों (Telegrams) में सुने ही थे, जैसे :

(1) "REACHING SUNDAY"

(2) MEETING BANARAS HINDU UNIVERSITY

पहले वाक्य में यदि 'ON' का लोप है, तो दूसरे में 'To BE HELD IN' का अभाव है। अब तो आपको इस ढंग के बहुत से वाक्य भी अंग्रेज़ी के लेखों में मिलेंगे :

(1) He is a Candidate For Secretary (इसमें 'The post of' का अभाव है)।

(2) I will go thursday (इसमें 'On' का अभाव है)।

(3) Meet me twenty ninth (इसमें 'On' का अभाव है)।

ये वाक्य व्याकरण के अनुसार शुद्ध नहीं हैं। परंतु अमेरिका में जब भी मैं वहाँ के निवासियों से यह बात कहता था, तो उन लोगों का उत्तर होता था–"व्याकरण हमारा दास है। हम व्याकरण के दास नहीं हैं। हमें जिसमें सुविधा दिखाई देती है, वैसा ही लिखते हैं।"

अभी कुछ वर्ष पहले तक हिंदी एक रूढ़िवादी और कट्टर भाषा समझी जाती थी। परंतु अब हिंदी में भी लचीलापन आता जा रहा है। नए शब्द तो बनने ही लगे हैं, जैसे :

विमा (विस्तार+मान : Dimension)

आंसुका (आंतरिक सुरक्षा क़ानून)

अंग्रेज़ी के आधार पर हमने 'बोर' से 'बोरियत' बना लिया है। इसी प्रकार का शब्द कंडम है, जो कदाचित् अंग्रेज़ी शब्द 'कंडेमण्ड (Condemned) से निकला है। इसी प्रकार 'फ़िल्माना' भी 'फ़िल्म' (Film) से बना है।

इस प्रवृत्ति का प्रभाव क्रिया पदों पर भी पड़ा है और यह प्रवृत्ति वांछनीय है। इससे भाषा में जान आ जाती है। 'स्तंभित' तो पुराना शब्द है, किंतु अब लोग 'अचंभित' भी लिखने लगे हैं। 'मृतप्राय' और 'प्राप्तप्राय' तो चलते ही थे। अब तो 'ख़त्मप्राय' भी चलने लगा है। लोग 'महान्' से 'महानता' भी बनाने लगे हैं। हमने 'ग्राफ़ शब्द तो ले ही लिया। उससे विशेषण 'ग्राफ़ात्मक' भी बना लिया है।

'गर्माना' शब्द तो पुराना था। अब 'ठंडाना' भी चलने लगा है। 'इनकार करना' के स्थान पर 'नकारना' तो प्रचलित ही था। उसी वज़न पर अब 'स्वीकार करना' की जगह उसका संक्षेपीकृत रूप 'स्वीकारना' भी अपना लिया गया है। इतना ही नहीं 'Retroflex' को कुछ लेखक हिंदी में 'उल्टित' भी कहने लगे हैं, यद्यपि इसके लिए भाषा विज्ञान में पुराना शब्द 'लुंठित' विद्यमान है।

हम यह नहीं कहते कि ये सभी नए शब्द ज्यों के त्यों अपना लिए जाएँ। इनमें से कुछ तो स्वीकार हो जाएँगे। किंतु कुछेक संशोधित रूप में अपनाए जाएँगे

और कई तो बिल्कुल ही छोड़ दिए जाएँगे। परंतु यह नई प्रवृत्ति बुरी नहीं है। हमारा विचार है कि जब कभी नए शब्दों की आवश्यकता पड़े और पुराने शब्दों के आधार पर जो शब्द बनाए जाएँ यदि वे कठिन हों तो अंग्रेज़ी के शब्दों के आधार पर ही हम नए शब्द गढ़ लें।

कम्प्यूटर विज्ञान एक नया विषय है। जहाँ तक हमें पता है, इसके लिए हमारे पास कोई प्राचीन शब्द नहीं है, तो क्यों न हम इसी शब्द को अपना लें। इसी शब्द से क्रियापद 'कम्प्यूटरन' बना लें तो बहुत-से व्युत्पन्न शब्द हाथ आ जाएँगे, जैसे :

Computerising=कम्प्यूटरन।

Computerised=कम्प्यूटरित।

अंग्रेज़ी का एक शब्द है 'पंच' (Punch), जिसका अर्थ है गोलाकार छेद करना या एक विशेष प्रकार का छेद करना। हिंदी में हम लोग 'छेदना' और 'छिद्रण' से काम चलाते हैं। किंतु अब हमें 'Punching' तथा 'Perforation' के लिए भी शब्द बनाने होंगे। 'पंच' शब्द तो हिंदी में भी चलने लगा है। संज्ञा के रूप में तो इसे ज्यों का त्यों अपना लें तो अच्छा है। यों 'Punching' के लिए 'पंचन' बना सकते हैं और यदि 'Pucher' के लिए अलग शब्द बनाना आवश्यक हो जाए तो 'पंचक शब्द' निर्धारित हो सकता है। 'Perforation' के लिए 'परिछिद्रण' शब्द उपयुक्त रहेगा।

हम यहाँ पर कुछ अंग्रेज़ी शब्दों की तालिका दे रहे हैं, जिनके आधार पर हम हिंदी में नए शब्द बना सकते हैं, यथा :

Annealing = अनीलन।
Cementation = सीमेण्टन।
Crystallisation = क्रिस्टलन।
Erasing = इरेज़न।
Filtration = फ़िल्टरन।
Fitchering = फिचरन।
Glazing = ग्लेज़न।
Greasing = ग्रीज़न।
Plating = प्लेटन, पट्टन।
Plumbering = प्लंबरी, नलकारी।
Pumping = पंपन।
Shunting = शंटन।
Skating = स्केटन।
Stapling = स्टैपलन।

इस समय निम्नलिखित पुस्तक हमारे समक्ष है :

'देवेंद्रनाथ शर्मा : राष्ट्रभाषा हिंदी—समस्याएँ और समाधान (राजकमल प्रकाशन, नई दिल्ली; सन् 1965)' इसके कई अध्याय पठन और मनन करने योग्य हैं, यथा :

(क) व्याकरण की समस्या।

(ख) वर्तनी की समस्या।

(ग) लिपि की समस्या।

इन तीनों अध्यायों में श्री शर्मा ने 'हिंदी की प्रकृति' पर अच्छा प्रकाश डाला है। इसकी शैली बड़ी सुबोध है। अतः ये अध्याय पठनीय है।

एक अन्य पुस्तक भी हमारे सम्मुख है :

'डॉ. ब्रजमोहन : मानक हिंदी'

इस पुस्तक का अध्याय 19 'हिंदी की प्रकृति' पर प्रकाश डालता है। इस संबंध में जो भी विवादग्रस्त विषय हैं, वे विचारणीय हैं।

एक से अधिक वर्तनियाँ

हिंदी में कुछ शब्दों की दो-दो वर्तनियाँ और कहीं-कहीं तो तीन-तीन वर्तनियाँ देखने में आती हैं। उचित यही है कि इनकी एक ही वर्तनी को मानक (Standard) रूप माना जाए तो हिंदी-लेखन में बड़ी सुविधा हो जाएगी। कई लेखकों ने इस दिशा में अपनी लेखनी उठाई है। इस विषय का विवेचन करने से पहले हम कुछ सार्विक सिद्धांत स्थिर करना चाहते हैं।

(1) प्रयत्न यह करना चाहिए कि ध्वनि के अनुरूप लिखा जाए; अर्थात् जैसा हम बोलें वैसा ही लिखें। सामान्यतः हिंदी में इसका पालन होता ही है। फिर भी यह कहना ग़लत होगा कि कोई अपवाद होता ही नहीं। बोलचाल में हम कुछ शब्दों को तोड़-मरोड़ डालते हैं और कई बार उन्हें उसी तरह लिख भी देते हैं :

बोलचाल वाला रूप	**शुद्ध रूप**
मास्साब।	मास्टर साहब।
वे कैता ए।	वह कहता है।
नइँ जा रेयाऊँ।	नहीं जा रहा हूँ।

इस ढंग के अभिव्यंजकों को लिखा तो शुद्ध रूप में जाता है, किंतु बोला जाता है अशुद्ध रूप में। जैसा बोला जाता है, यदि हम वैसा ही लिखें तो हिंदी-जगत् उसे अभी तो स्वीकार नहीं करेगा। संभव है आगे चलकर इस समस्या का समाधान हो जाए।

द्वित्व की समस्या

यह दो प्रकार के शब्दों में पाई जाती है। एक तो ऐसे शब्दों में जैसे : 'परिवर्त्तन', 'परिवर्द्धन' में। कुछ लोग तो 'धर्म्म' और 'वर्म्मा' में भी डेढ़ 'म' बना देते हैं तथा 'आर्य्य' में डेढ़ 'य'। संस्कृत की दृष्टि से यह ढंग भले ही मान्य रहा हो, किंतु हिंदी में इस प्रकार के शब्दों के शुद्ध उच्चारण की कठिनाई के कारण ये प्रयोग अब

युक्तिसंगत नहीं कहे जा सकते। अतएव इन शब्दों को सदैव इकहरे व्यंजन के साथ ही लिखना चाहिए, जैसे :

परिवर्तन, परिवर्धन, आर्य।

इसमें तो किसी भी व्यक्ति को कोई आपत्ति नहीं होनी चाहिए। हाँ, हठधर्मी की बात दूसरी है।

दूसरे प्रकार का द्वित्व ऐसे शब्दों में दिखाई देता है :

महत्त्व, तत्त्व, सत्त्व।

इन शब्दों का उच्चारण तो ऐसा ही होता है, जैसा कि निम्नलिखित शब्दों का :

महत्व, तत्व, सत्व।

अब प्रश्न यह है कि इन शब्दों के उपरिलिखित दोनों रूपों में से किसे अपनाया जाए। यह एक विवादग्रस्त प्रश्न बन गया है, जिसे निम्नलिखित पुस्तक में विस्तार सहित सुलझाया गया है :

'डॉ. रमेशचंद्र मेहरोत्रा और डॉ. मन्नूलाल यदु : अशुद्ध हिंदी। (भाषिकी प्रकाशन, रायपुर; 1980)।'

द्वित्व के आग्रही कहते हैं कि यदि हम इन शब्दों को इकहरे व्यंजन के साथ लिखेंगे तो इनकी व्युत्पत्ति अव्याख्येय हो जाएगी। अतएव इन्हें द्वित्व के साथ ही लिखना चाहिए।

एक आपत्ति यह भी है कि द्वित्व और एकाकी व्यंजन के विकल्प से यदि सदा एकाकी व्यंजन को ही चुना जाए, यथा : मूर्छा, कर्तव्य, अर्थ, वर्मा, माधुर्य, तत्व, महत्व आदि शब्दों में; तो द्वित्व-युक्त प्रयोग कहाँ पर हो जाएँगे, जो कि समुचित नहीं। क्योंकि ये शब्द भी संस्कृतनिष्ठ हैं तो शुद्ध शब्द ही ग्राह्य होने चाहिए, न कि अशुद्ध शब्द।

डॉ. मेहरोत्रा ने इस शंका का समाधान बड़े सटीक शब्दों में इस प्रकार किया है :

"द्वित्व-विधायक प्राचीन सूत्र संस्कृत में सही रूप से लागू थे, क्योंकि वे उन शब्दों के उच्चारण को देखकर बनाए गए थे। आज उन शब्दों के उच्चारण में भिन्नता आ चुकी है। अतः आज के नियम भी भिन्न हैं। उदाहरणतः 'तत्त्व' और 'द्वित्व' (व्युत्पत्ति की दृष्टि से भिन्न होने पर भी) एक ही स्वनिमिक नियम से नियंत्रित हैं। (द्वित्व-युक्त प्रयोग 'पत्ता' जैसे उदाहरणों तक सीमित रहेंगे।)"

अतः डॉ. मेहरोत्रा की राय में 'तत्व', 'महत्व' जैसे शब्दों को 'तत्त्व', 'महत्त्व' जैसे तत्सम शब्दों के तद्भव रूप मान लेना चाहिए। इस प्रकार झगड़े की कोई गुंजाइश ही नहीं रह जाती।

वर्तनी में स्वरात्मक-रूप की वरीयता?

हिंदी में एक ही शब्द की दो वर्तनियाँ प्रचलित हैं। ये हैं :

(क) स्वरात्मक; जैसे 'किराए'।

(ख) व्यंजनात्मक; जैसे 'किराये'।

इनमें से 'किराए' रूप अधिक युक्तिसंगत है और उसके स्थान पर व्यंजनात्मक रूप 'किराये' ध्वनि-विज्ञान की दृष्टि से उचित नहीं। इसी प्रकार निम्नलिखित शब्दों में पहला रूप त्याज्य है और दूसरे का ही प्रयोग होना चाहिए :

आयी–आई;	गयी–गई;	सोयी–सोई;	खायी–खाई।
आये–आए;	गये–गए;	सोये-सोए;	खोये–खोए।
जाये–जाए;	साये–साए;	खाये–खाए।	
आयेगा–आएगा;	जायेगा–जाएगा;	सोयेगा–सोएगा;	खायेगा–खाएगा।
आइये–आइए;	जाइये–जाइए;	सोइये–सोइए;	खाइये–खाइए।

पं. किशोरी दास वाजपेयी ने भी इन्हें रूपों को मान्यता दी है।

हमारे उपरिलिखित सिद्धांत पर तीन प्रकार की टिप्पणियाँ होंगी :

(क) 'रुपये' अथवा 'रुपए' में 'ए' का प्रयोग करना ठीक है, क्योंकि बहुवचन में 'रुपओं' तो होगा नहीं। किंतु बहुवचन में 'रुपयों', 'किरायों' आदि का प्रयोग ही ठीक होगा।

(ख) 'लीजिए' और 'चाहिए' को तो 'ए' से ही लिखा जाना उचित है।

(ग) अव्यय में 'के लिए' ठीक है। किंतु क्रिया रूप में भी 'लिये' के स्थान पर 'लिए' अपना लेना अनुचित न होगा, भले ही वह 'लिया' का ही रूप हो। अव्यय के रूप में 'लिए' का प्रयोग देखिए : "वह राम के लिए भोजन लाई।" क्रिया-रूप में 'लिए' का प्रयोग दर्शनीय है : "वह सिर पर टोपी लिए हुए घर में आ घुसा।" इस प्रकार क्रिया रूप में 'लिए' शब्द रखने से हिंदी के नौसिखियों को भी कठिनाई न होगी और नियम की सार्विकता के कारण भी भाषा की वैज्ञानकिता को आँच नहीं आएगी।

इन शंकाओं का समाधान करते हुए हम दो शब्द अपने दृष्टिकोण के विषय में कहना चाहते हैं। कुछ लोगों का विचार है कि भाषा और व्याकरण कुंड के खड़े पानी की तरह स्थिर होते हैं। उनमें कोई परिवर्तन हो ही नहीं सकता। किंतु हम ऐसा नहीं मानते। जैसा कि हम अन्यत्र कह चुके हैं भाषा बहते पानी की तरह है। उसमें नित्य परिवर्तन होते ही रहते हैं। कुछ दार्शनिक तो यहाँ तक कहते हैं कि हम किसी एक नदी में दो बार गोता लगा ही नहीं सकते। प्रत्येक क्षण उसका पानी बदल जाता है, उसकी प्रकृति बदल जाती है। यहाँ तक कि नदी ही बदल जाती है।

हम इस सीमा तक भले ही न जाएँ, तो भी यह मानना ही पड़ेगा कि वही भाषा जीवंत कहलाती है जिसमें परिवर्तन होते रहते हैं। हम दिन-रात बाहरी संसार के संपर्क में आते हैं। उनसे हमें नए विचार मिलते हैं और हमारी नई धारणाएँ बनती हैं। इन्हीं कारणों से हमें नए शब्द बनाने पड़ते हैं और कुछ पुराने शब्दों को नए

अर्थ देने पड़ते हैं। जिन शब्दों के अर्थ अस्थिर रहते हैं, उनके अर्थ स्थिर करने पड़ते हैं। इस प्रकार भाषा की प्रकृति बदलती जाती है।

यह आवश्यक नहीं है कि हम सदैव व्याकरण का पल्ला पकड़े रहें और हमारी भाषा व्याकरण का पुछल्ला बनकर रह जाए। कभी-कभी व्याकरण के पुराने नियमों की अवहेलना करनी पड़ती है। यदि ऐसा न करें तो हमारी भाषा गतिशील नहीं हो सकती। यदि ऐसा न हो तो अन्य भाषाएँ हमारी भाषा से आगे निकल जाएँगी। अतएव यदि कहीं पर किसी नए विचार के लिए नया शब्द बनाना हो या किसी पुराने शब्द को कोई नया अर्थ देना हो, जिसके लिए व्याकरण के किसी नियम की अपेक्षा करनी पड़े, तो हम उससे बिल्कुल नहीं हिचकिचाएँगे। हम हिंदी के लेखक ही नहीं उसके प्रचारक एवं प्रसारक भी बनना चाहते हैं, यही हमारे दृष्टिकोण की मूल भित्ति है।

कुछ शंकाओं का निवारण

अब हम उपरिलिखित शंकाओं पर विचार करते हैं :

(क) 'रुपआ', 'किराआ' लिखना ठीक नहीं है। यही स्थिति 'रुपओं', 'किराओं' की है। 'रुपए' तथा 'किराए' में 'य' की श्रुति नगण्य है, किंतु 'रुपया' तथा 'किराया' में पूर्ण व्यंजन (य) बोलता है। इसलिए एकचवन 'रुपया', 'किराया' में 'य' का प्रयोग होगा। किंतु बहुवचन शब्द 'रुपए', 'किराए' में 'ए' का प्रयोग करना होगा।

(ख) जहाँ तक हो सके शब्दों के उच्चारण सरल हों, कर्णकटु न हों और समध्वनिक शब्दों की वर्तनी में एकरूपता विद्यमान रहे तो सोने पर सोहागे वाली बात हो जाए। यदि 'गया' से 'गयी' बनना आवश्यक है तो 'लिया' से 'लियी' बनना ही चाहिए। किंतु यदि 'लिया' से 'ली' बनता है तो 'गया' से 'गी' बनना ही चाहिए। जबकि बनता है गई। ऐसा क्यों? फिर, जब हम 'लियी' को घिसकर 'ली' बना सकते हैं तो 'गयी' को घिसकर 'गई' क्यों नहीं बना सकते। एकरूपता की दृष्टि से आ-ए-ई-ईं" का अधिक महत्त्व है, धातुरूप का कम, जैसे चला-चले-चली-चलीँ।

एक बात और भी विलक्षण है। 'जाना' क्रियापद का भूतकाल 'जाये' बनना चाहिए अथवा 'जाए'। फिर 'गये' अथवा 'गए' कैसे बन जाता है। यह तो भाषा का लोच है, और कुछ नहीं। हम जिस प्रकार 'ख़ंदक' के अर्थ में 'खाई' का उच्चारण करते हैं, उसी प्रकार 'खाना' के भूतकाल का उच्चारण 'खाई' करते हैं, न कि 'खायी'।

(ग) इसी सिद्धांत पर क्रियारूप 'लिए' और अव्यय रूप 'लिए' का उच्चारण एक-सा करते हैं। लिखना सीखते-सिखाते समय क्रिया और अव्यय के भेद का बखेड़ा खड़ा करना बच्चों पर बोझ ही डालना होगा।

हलंत युक्त शब्द

एक समस्या रह गई, संस्कृत के हलंत वाले तत्सम शब्दों की। कुछ शब्द लिखे जाते है व्यंजनात, स्वरांत, किंतु वे बोले जाते हैं स्वरांत यथा :

अर्थात, महान।

इन शब्दों के पुराने रूपों में अंतिम अक्षर हलंत रहता है, यथा :

अर्थात्, महान्।

किंतु अब अधिकांश लेखक इन अक्षरों में हलचिह्न लगाते ही नहीं। अतः इनके और संगत व्यंजनांत शब्दों—अर्थात, महान, दान—के उच्चारण में कोई अंतर नहीं रह गया है। अतः बहुत से लेखकों का यह मत बनता जा रहा है कि ऐसे शब्दों में से हलचिह्न बिल्कुल हटा दिया जाए। ऐसा करने से सुविधा तो हो जाएगी, क्योंकि शब्द सरल हो जाएँगे। परंतु इसमें एक कठिनाई भी आ जाएगी, क्योंकि ऐसे शब्दों की संख्या दस-बीस नहीं, बल्कि हज़ारों तक पहुँचेगी। तब प्रश्न यह उठेगा कि इन शब्दों की संधियों का समर्थन कैसे होगा। संधि तो व्यंजनांत शब्दों की हुआ करती है। हम 'दिक्' और 'पाल' की संधि करके 'दिग्पाल' बना देते हैं, किंतु यदि 'दिक' शब्द का अंतिम अक्षर में स्वर (क्+अ=क) है तो उसकी संधि कैसे बनेगी।

ऐसे बहुत से शब्द हैं, जो व्यंजनांत हैं। किंतु यदि उनके व्यंजन को पूरा लिखा जाए तो एक दूसरा शब्द बन जाता है जैसे 'जगत्' और 'जगत'; इसी प्रकार 'परिषद्' एवं 'परिषद' भी। इनमें से जो शब्द स्वरांत हैं, उनमें तो कोई कठिनाई उपस्थित न होगी; क्योंकि उनकी संधि होगी ही नहीं और वे ज्यों-के-त्यों रह जाएँगे। किंतु जो शब्द हलंत व्यंजन से लिखे जाते हैं, उनके विषय में कठिनाई आन पड़ेगी।

हमारे पास इस समस्या का एक सरल समाधान है। हम यह मान लेते हैं कि हलंत व्यंजन वाला शब्द तत्सम रूप है और उसी शब्द का पूर्ण व्यंजन वाला रूप तद्भव शब्द है। हम इस बात को हृदयंगम किए लेते हैं कि संधि तत्सम रूप से ही बन सकेगी। अतः किसी तद्भव शब्द की संधि करने से पहले उसका तत्सम रूप ले लेंगे। उससे संधि बनाकर जो शब्द प्राप्त होगा, उसको हिंदी में स्वीकार कर लेंगे। इस प्रकार 'दिक' में 'पाल' जोड़ने से पहले 'क' को हलंत (क्) कर देंगे और तब दिक्+पाल=दिग्पाल बना लेंगे। चिन्मय (चित्+मय), जगदीश (जगत्+ईश), सज्जन (संत्+जन) आदि शब्दों में भी यही विधि अपनाई जाएगी।

जब हम बाज़ार से भिंडी की सब्ज़ी लाते हैं, तो वह तुरंत तरकारी बनाने योग्य नहीं होती। यदि हम उसकी टोपी सहित तरकारी बनाएँ तो वह कदाचित् खाने योग्य नहीं होगी, क्योंकि उसमें स्वाद नहीं आएगा और संभव है वह हानिकारक भी हो। जब हम उसकी टोपी काटकर शेष भाग की तरकारी बनाते हैं तो वह स्वादिष्ट हो जाती है और हम बड़े चाव से उसका सेवन करते हैं।

प्रायोगिक पक्ष

को और में

'को' विभक्ति कर्मकारक और सम्प्रदान कारक का चिह्न है।

कर्म कारक

उ. (क) राम ने बाली को मारा।
(ख) उस को आने दो।
(ग) अभी दूध को और गरम करो।

सम्प्रदान कारक

उ. (क) वह तो आग लगाने ही को बैठी थी।
(ख) मैं सवेरे दर्शनों को जाता हूँ।

सर्वनाम पदों के द्वितीया विभक्ति में दो दो रूप बनते हैं :

मुझ को=मुझे
हम को=हमें
तुझ को=तुझे
तुम को=तुम्हें
उस को=उसे
उन को=उन्हें

आजकल ये पिछले संक्षिप्त रूप ही अधिक शिष्ट-सम्मत माने जाते हैं।

कभी-कभी 'को' कर्ता कारक में भी प्रयुक्त होता है।

उ. (क) मुझे जाना है।

(ख) उसे कुछ पता नहीं है।

(ग) हरी को दवा खानी चाहिए।

कहीं-कहीं 'को' का प्रयोग अधिकरण कारक में भी होता है।

उ. (क) बच्चे को भूख लगी है।

(ख) मुझे भी कभी-कभी क्रोध आ जाता है।

(ग) तुम्हें खाँसी कब से है?

'को' विभक्ति के प्रयोग में बड़ी मनमानी चल रही है। पहले पहल तो निगमानंद जी की 'राष्ट्र भाषा' के पृ. 42 पर यह उदाहरण दिया हुआ है :

मैं उस को मिला।

हमारे विचार में यह वाक्य अशुद्ध है। यदि हम दोनों मार्ग में कहीं मिले हैं तो हिंदी की प्रकृति के अनुसार हम कहेंगे :

वह मुझे मिला।

उसी पृष्ठ पर एक और वाक्य आया है :

मुझे राम को मिलना है।

यह भी अशुद्ध है। कदाचित् लेखक का अभिप्राय है :

मुझे राम से मिलना है।

इस प्रकार के वाक्य पंजाबी के प्रभाव में लिखे जाते हैं।

अब देखिए 'राष्ट्र भाषा' पृ. 45! निगमानंद जी कहते हैं कि जहाँ कालवाची शब्द अपने पूरे नियत समय के वाचक हों वहाँ 'में' का प्रयोग होता है, जैसे :

एक वर्ष में पुस्तक पूर्ण हो जाएगी=पुस्तक पूरी होने में पूरा एक वर्ष लगेगा।

रात में तारे टिमटिमा रहे हैं=तारे रात भर टिमटिमाते हैं

आगे निगमानंद जी कहते हैं कि यदि कालवाची शब्द अपने नियत समय के एक अंश के वाचक हों तो 'को' का प्रयोग होगा, जैसे :

कल को आऊँगा=कल के किसी अंश में आऊँगा।

शाम को डाका पड़ा=शाम के किसी अंश में डाका पड़ा।

किंतु 'में' वाले उदाहरणों में आपने एक दृष्टांत यह भी दिया है :

रात में मत जाओ, ख़तरा है।

हमारी समझ में यहाँ कालवाची शब्द रात के एक अंश का ही द्योतक है, सारी रात का नहीं। यह बिल्कुल ऐसा ही वाक्य है जैसा :

'कल को जाऊँगा।'

यदि कोई कल जाएगा, तो कल के किसी अंश में ही जाएगा, कल दिन भर तो नहीं जाएगा। इसी प्रकार, यदि रात में जाएगा, तो रात के किसी अंश में ही जाएगा।

निगमानंद जी का सिद्धांत गलत दिखाई देता है। यह बात इन उदाहरणों से स्पष्ट हो जाएगी :

अभी धूप है, रात को जाना।

दिन में ही निकल जाओ, रात को ख़तरा है।

दिन में अवकाश नहीं मिलता, जो रात को पढ़ते हो?

रात में क्यों पढ़ रहे हो?

दूसरे वाक्य में ख़तरा रात भर है, फिर भी 'को' का प्रयोग हुआ है। तीसरे वाक्य में 'रात को' आया है, चौथे में 'रात में'।

एक बात और भी है। शाम और सवेरे के लिए सदैव 'को' का ही प्रयोग होता है। यथा :

शाम को झुटपुटा रहता है।

सवेरे को ठंड पड़ती है।

आज शाम को कहाँ जाना है?

क्या बासी पूरी सवेरे को खाओगे?

सदैव 'को' ही आता है। कहीं 'में' नहीं आता। यह बात दूसरी है कि कहीं-कहीं 'को' के बिना भी काम चल जाता है, जैसे :

सवेरे ठंड पड़ती है।

इसमें संशय नहीं कि यदि कालवाची शब्द किसी अवधि को द्योतित न करे, वरन् किसी निश्चित क्षण को इंगित करे, तब तो 'को' का ही प्रयोग होगा, जैसे :

उस को तो आठ बजे ही जाना है।

दस तारीख को 12 बजे नेता का देहांत हुआ था।

सवेरे और शाम का मौलिक अर्थ 'संधि का समय' ही था, जो एक क्षण होता है। इसीलिए इन दोनों शब्दों के योग में 'को' का प्रयोग होता है।

जहाँ कालवाची शब्द किसी अवधि का द्योतक हो, वहाँ 'में' का प्रयोग होता है, जैसे :

तीन दिन में लौट आना।

थोड़े दिन में हड़ताल समाप्त हो जाएगी।

एक घंटे में यह काम ख़त्म कर दूँगा।

एक मिनट में क्या से क्या हो गया!

भरी दुपहरी में आए हो!

यों अवधि के लिए 'को' का प्रयोग भी होता है, जैसे :

एक मिनट को आ जाओ।

ज़रा देर को मेरी भी सुन लो।

दो दिन को गए, चार दिन में लौटे।

किंतु यहाँ 'को' का प्रयोग 'के लिए' के लिए हुआ है।

जहाँ न निश्चित अवधि हो न निश्चित क्षण, वहाँ 'में' और 'को' दोनों का

प्रयोग हो सकता है, यथा :

दिन में चलो तो मैं भी चलूँ।
दिन को चलो तो मैं भी चलूँ।
रात में क्यों पढ़ते हो?
रात को क्यों पढ़ते हो?

कभी-कभी एक ही वाक्य में दो विभक्तियाँ आ जाती हैं :

दिन में सोते हो, रात में पढ़ते हो।
दिन को सोते हो, रात को पढ़ते हो।

यहाँ दो 'में' या दो 'को' भद्दे लगते हैं। यों लिखना अच्छा रहेगा :

दिन में सोते हो, रात को पढ़ते हो।
अथवा दिन को सोते हो, रात में पढ़ते हो।
बुध को सोया, बृहस्पति को आँख खुली।

इस पिछले वाक्य में तो दोनों स्थानों पर 'को' ही रहेगा।

किंतु यदि दोनों उपवाक्यों में एक ही क्रिया पद हो तो एक ही प्रकार की विभक्ति दोनों स्थानों पर आ सकती है :

दिन में गर्मी पड़ती है, रात में ठंड।
दिसंबर में दिन छोटे होते हैं, जून में बड़े।

क्या

सर्व. (1) एक प्रश्नवाचक शब्द जो सामान्यतः कोई बात जानने की जिज्ञासा का सूचक होता है। उस वस्तु का द्योतक शब्द जिसके विषय में कोई जानकारी प्राप्त करनी है।

उ. (क) तुम्हारी जेब में क्या है?
(ख) तब फिर क्या हुआ?
(ग) कहने को बाक़ी क्या रह गया है?
(घ) मैं अकेला आदमी, **क्या** क्या करता?
(ङ) तुम क्या जानो?
(च) क्या?=क्या बात?=क्या कहा?
(छ) उसने ऐसा क्या कह दिया जो तुम उठकर चल दिए?
(ज) वह क्या खाकर मुझ से लड़ेगा?
(झ) क्या कारण है रोने का?
(ञ) क्या क्या बातें हुईं?

मुहावरे

क्या कहना है!

(1) (प्रशंसा) बहुत अच्छा, बहुत बढ़िया, शाबाश!

उ. उस लड़के का क्या कहना है! सदैव प्रथम श्रेणी में पास होता है।

(2) (व्यंग्य) बहुत बुरा, किसी काम का नहीं, बिल्कुल ग़लत!

उ. वह, और बहादुर, क्या कहना!

क्या क्या? (1) बहुत अधिक, सब कुछ।

उ. उसने क्या क्या नहीं कहा=उसने सभी कुछ कह डाला।

(2) विचित्र, विलक्षण।

उ. (1) वह भी क्या क्या बातें निकालकर लाता है।

(2) जाने क्या क्या है छिपा हुआ घनश्याम तुम्हारी आँखों में!

यह क्या करते हो?=अनुचित काम करते हो।

यह पद आश्चर्य के साथ खेद का भाव द्योतित करता है। यही भाव 'यह क्या किया' में भी है।

(किसी की) क्या चलाते हो?=(किसी की) चर्चा व्यर्थ करते हो। वह बात और है, यह बात और।

उ. (क) लक्ष्मी चंद की क्या चलाते हो! वह पैसे वाले हैं, चाहे गुड़ ही गुड़ खाएँ।

(किसी की) क्या चलाई=(किसी की) भली चलाई=(किसी की) क्या चलाते हो?

क्या जाता है?=क्या हानि है?=**क्या बिगड़ता है**?=कुछ हर्ज नहीं

उ. ज़रा देर को चले जाना, तुम्हारा क्या जाता है?

क्या जानें?=हम नहीं जानते, हमें पता नहीं

उ. क्या जानें घड़ी कहाँ खो गई।

क्या जाती दुनिया देखी?=क्या कारण हुआ जो ऐसा अप्रत्याशित काम कर दिया?

उ. क्या जाती दुनिया देखी जो उस काले कलूटे को लड़की ब्याह दी?

क्या पड़ी है?=क्या आवश्यकता है, कौन सी गरज़ है?

उ. तुम्हें क्या पड़ी है जो बार-बार पड़ोसी के घर जाते हो?

क्या पूछना है!=क्या कहना है (1)

क्या बिगाड़ लोगे?=कुछ हानि न कर पाओगे।

उ. हम तो इसी रास्ते से जाएँगे। हमारा क्या बिगाड़ लोगे?

क्या हुआ?=क्या हर्ज हो गया? कौन सा अनर्थ हो गया।

उ. क्या हुआ जो थोड़ी सी पी ली?

क्या से क्या हो गया=बिल्कुल बदल गया।

उ. साल भर में क्या से क्या हो गया। (व्यापार चौपट हो गया)

क्या गिनता हूँ?=क्या समझता हूँ?

क्या समझता हूँ=तुच्छ समझता हूँ, कुछ नहीं समझता हूँ।

उ. पहलवान तो मेरे सामने ठहर ही नहीं पाते; तुम्हें मैं क्या समझता हूँ!

तो फिर क्या है?=तब तो सब अच्छा ही अच्छा है। इससे अच्छा क्या होगा?

उ. यदि वह यह सगाई स्वीकार कर लें तो फिर क्या है?

(2) अभिप्रेत किंतु अव्यक्त वस्तु, तत्त्व या बात का सूचक शब्द

उ. (क) मुझे पता है तुम्हारी मुट्ठी में क्या है।

(ख) क्या करना था, क्या लगे करन, हमें यही अचंभा है।

विशेषण=(1) कितना, कितने परिमाण का?

उ. (क) बेटी के विवाह में तुम्हारा क्या खर्च हुआ?

(2) बहुत अधिक। इतना अधिक कि...

इस अर्थ में यह विशेषण का काम करता है।

उ. (क) क्या पानी बरसा कि सड़क पर नाव चलने लगी।

(ख) क्या मेला था कि आदमी पर आदमी गिरा पड़ता था!

(ग) क्या मदिरा छलकी! क्या रस बरसा!

क्या कुछ=बहुत अधिक। सब कुछ।

उ. बेटी के विवाह में उसने क्या कुछ नहीं दिया।

क्या...क्या=दोनों बराबर हैं।

उ. (क) जब काम करना ही ठहरा, तब क्या आज, क्या कल?

(ख) साधु के लिए क्या सर्दी, क्या गर्मी?

(3) किस प्रकार का। कैसा। विचित्र। विलक्षण।

इस अर्थ में भी यह विशेषण ही है।

उ. (क) वह भी क्या आदमी है। हर समय गाली बकता रहता है!

(ख) यहाँ भी क्या क्या लोग हैं। लंका में सब बावन गज़ के ही दिखाई देते हैं।

क्या चीज़=(1) तुच्छ, कोई चीज़ नहीं।

उ. वह बड़े बड़ों के छक्के छुड़ा देता है, तुम क्या चीज़ हो?

(2) बहुत बढ़िया, विरली

उ. देखो, यह क्या चीज़ दे रहा हूँ!

(4) बढ़िया, उत्तम, कितना बढ़िया (विशेषण)

उ. (क) क्या पहलवान है! विपक्षी देखते ही पानी हो जाता है!

(ख) क्या मात दी है!

क्या बात=बढ़िया, अनोखी, मार्के की बात।

उ. वाह क्या बात कही! तबीयत ख़ुश हो गई।

क्या बात है=क्या कहना है!

क्रि. वि.=(1) किस कारण, क्यों, किसलिए?

उ. (क) अब वहाँ क्या जाएँ=अब वहाँ जाना निरर्थक है।

(ख) मुझ से क्या कहते हो, उसी से कहो।

ऐसा भी क्या=ऐसा व्यवहार किसलिए, ऐसा व्यवहार किस काम का?

उ. ऐसा भी क्या; आए और चल दिए!

(2) नहीं, या नहीं जैसा

उ. (क) रात हो गई, अब वह क्या आएगा=अब निश्चित प्राय है कि वह नहीं आएगा।

(ख) नब्ज़ भी छूट गई, अब वह क्या चलेगा?

(ग) बोतल का रंग नीला क्या, हरा है।

(घ) वह आदमी क्या, जानवर है।

(3) नहीं, बिल्कुल नहीं, सर्वथा नहीं।

उ. (क) मूर्ख इसे क्या समझेगा?

(ख) अंधा इसे क्या देखेगा?

(ग) बंदर क्या जाने अदरक का स्वाद!

(4) विशेष रूप से; अच्छी तरह।

उ. तुम भी क्या याद करोगे।

अव्यय (1) प्रश्न-सूचक शब्द

उ. (क) क्या वह आएगा?

(ख) क्या आज सोमवार है?

(ग) क्या मेरी नाक कटाओगे?

(2) विस्मयादि बोधक

सुना है पुलिस की गोली से 100 आदमी मारे गए क्या! (=क्या वास्तव में?) इस संदर्भ में देखिए 'अच्छी हिंदी' पृ. 37

आजकल लोग प्रायः प्रश्नात्मक वाक्यों में 'क्या' बिल्कुल अंत में रखते हैं। जैसे 'आप वहाँ जाएँगे क्या?' 'उन्होंने आप को पुस्तक भेज दी क्या?' पर इस प्रकार के प्रयोग भी हिंदी की प्रकृति के नितांत विरुद्ध हैं...हिंदी में तो 'क्या आप वहाँ जाएँगे' आदि कहना ही ठीक होगा।

इस पर वाजपेयी जी की टिप्पणी 111 पठनीय है :

पहले बतलाया जा चुका है कि ज़ोर देने के लिए वाक्य में किसी-किसी शब्द का प्रयोग अंत में होता है। वही बात इस 'क्या' के संबंध में है।...

1. क्या बुराई है?

2. बुराई है क्या?

इन दोनों वाक्यों में कुछ अंतर मालूम देता है? यदि हाँ, तो बताइए कि 'क्या' का प्रयोग अंत में किए बिना कैसे काम चलेगा?

आइए, इस विषय पर विस्तार से विचार कर लें। पहले दो एक उदाहरण सकर्मक क्रियाओं वाले लीजिए :

(1) (1) क्या अब आप भोजन करेंगे?
(2) अब क्या आप भोजन करेंगे?
(3) अब आप क्या भोजन करेंगे?
(4) अब आप भोजन क्या करेंगे?
(5) अब आप भोजन करेंगे क्या?

पहले वाक्य में सीधी-सादी जिज्ञासा है।

अन्य वाक्यों का क्या अर्थ है, यह बहुत कुछ परिस्थितियों पर निर्भर है। हम कुछ काल्पनिक प्रसंग देते हैं :

(2) रात के बारह बज गए हैं। सोने का समय हो गया है। अब क्या आप भोजन करेंगे, या सोएँगे?

(3) अब आप पूरी, कचौरी, सब्ज़ी खाएँगे, या रोटी, दाल?

(4) घर में न रोटी बची है न तरकारी। अब आप भोजन क्या करेंगे?

(5) गाड़ी का समय हो गया है। अब आप भोजन करेंगे क्या? आप को तो तुरंत चल देना चाहिए।

किंतु यदि वाक्य (5) में कोई विशेष प्रसंग नहीं है तो (1) और (5) के अर्थों में कोई अंतर नहीं है।

एक और उदाहरण लीजिए।

(क) अब तुम क्या करोगे?

सामान्य प्रश्न ऐसी स्थिति में, अब क्या करोगे?

(ख) अब तुम करोगे क्या?

अब तुम असमर्थ हो, कुछ कर ही नहीं सकोगे।

अब एक उदाहरण अकर्मक क्रिया का लीजिए :

(1) क्या वह आज नहाया था?

सामान्य प्रश्न है।

(2) वह आज नहाया था क्या?

मान लीजिए उक्त व्यक्ति अभी बीमारी से उठ कर आया है, और नहा लिया है। तो स्वभावतः इस रूप में प्रश्न किया जाएगा। अन्यथा, वाक्य (1) और (2) के अर्थों में कोई अंतर नहीं होगा।

अब वाजपेयी जी के भाववाचक संज्ञा 'बुराई' वाले वाक्य लीजिए। मान लीजिए किसी ने अपने मित्र से कहा, 'भई सुना! रामानुज ने अंतर्जातीय विवाह कर लिया।'

तो मित्र कहता है :

(1) क्या बुराई है?

(2) बुराई क्या है?

(3) बुराई है क्या?

ये तीनों वाक्य अधूरे हैं। हम इन्हें इस प्रकार पूरा करेंगे :

(1) तो इसमें क्या बुराई है?

(2) तो इसमें बुराई क्या है?

(3) तो इसमें कोई बुराई है क्या?

पहले वाक्य में मित्र का यह भाव है कि "इसमें कोई बुराई नहीं है। और वह उत्तर की अपेक्षा भी नहीं करता।"

दूसरे वाक्य में मित्र का भाव यह है : "मेरे विचार में तो इसमें कोई बुराई नहीं है। यदि हो तो तुम बताओ।"–इसमें उत्तर की अपेक्षा है।

तीसरे वाक्य में उत्तर की आकांक्षा अधिक है। "यदि तुम्हें कोई बुराई दिखाई देती हो तो अवश्य बताओ।"

हम मानते हैं कि बहुत बार शब्दों का क्रम बदलने से अर्थ बदल जाता है, या कम से कम किसी विशेष शब्द पर ज़ोर आ जाता है। किंतु सब प्रकार के वाक्यों में ऐसा नहीं होता।

(क) क्या तुमने मुझे अनाड़ी समझ रखा है?

(ख) तुमने मुझे अनाड़ी समझ रखा है क्या?

पिछले वाक्य में अचरज का भाव पहले वाक्य से अधिक है।

अब वर्मा जी के वाक्यों पर विचार कीजिए :

(1) क्या आप वहाँ जाएँगे?

सामान्य जिज्ञासा है।

(2) आप वहाँ जाएँगे क्या? (जहाँ आप का अपमान हो चुका है) प्रसंग से इसमें अचरज का भाव आ गया।

(1) क्या उन्होंने आप को पुस्तक भेज दी?

(2) उन्होंने आप को पुस्तक भेज दी क्या? (जो आप छः महीने से माँग रहे थे)

ऐसी विशेष परिस्थितियों में तो वाक्य का भाव अवश्य बदल जाएगा। किंतु यदि कोई विशेष स्थिति नहीं है तो वाक्य का अर्थ ज्यों का त्यों रहेगा। वर्मा जी का तात्पर्य यह था कि बहुत से लेखक हिंदी की प्रकृति के अज्ञान के कारण 'क्या' वाक्य के अंत में रख देते हैं। ऐसे सामान्य प्रश्नात्मक वाक्यों में 'क्या' वाक्य के आरंभ में ही आना चाहिए।

यहाँ हमने केवल 'क्या' शब्द पर विचार किया है। अन्य शब्दों को अंत में देने से उस पर ज़ोर बढ़ जाता है इसके कई उदाहरण वाजपेयी जी ने टिप्पणी 42

और 111 में दिए हैं। उस विषय में हम वाजपेयी जी से सहमत हैं किंतु वे यहाँ अप्रासंगिक होंगे।

गले का हार

'अच्छी हिंदी' के पृ. 179 पर वर्मा जी ने शंका व्यक्त की है कि इन दोनों वाक्यों में से कौन सा शुद्ध है :

तुम हमारे गले का हार बन जाओ।
तुम हमारे गले के हार बन जाओ।

व्यवहार में यह सामान्यतः देखा जाता है कि यदि उद्देश्य बहुवचन अथवा आदरार्थक बहुवचन में हो तो विधेय भी बहुवचन में ही होता है। यथा :

एकवचन	**बहुवचन**
मैं बाँका सिपाही हूँ	हम बाँके सिपाही हैं
तू बाँका सिपाही है	तुम बाँके सिपाही हो
वह बाँका सिपाही है	वे बाँके सिपाही हैं

आदरार्थक बहुवचन के कुछ और प्रयोग देखिए :

एकवचन	**आदरार्थक बहुवचन**
तू मसख़रा है	तुम मसख़रे हो
तू काला कौआ है	तुम काले कौए हो
तू निकम्मा, ठलुआ है	तुम निकम्मे, ठलुए हो

अब कुछ ऐसे पद लीजिए जिनमें 'का' विभक्ति का प्रयोग होता है :

एकवचन	**आदरार्थक बहुवचन**
तू इस गली का अर्जुन है	तुम इस गली के अर्जुन हो
तू इस बस्ती का राजा है	तुम इस बस्ती के राजा हो
तू नगर का मुखिया है	तुम नगर के मुखिया हो

अब आइए बँधे-बँधाए पदबंधों और मुहावरों पर देखिए इन पर भी वही नियम लागू होता है :

एकवचन	**आदरार्थक बहुवचन**
तू उसकी नाक का बाल है	तुम उसकी नाक के बाल हो
तू उसकी जान का ग्राहक है	तुम उसकी जान के ग्राहक हो
तू धोबी का कुत्ता है	तुम धोबी के कुत्ते हो

तू लातों का भूत है — तुम लातों के भूत हो
तू थाली का बैंगन है — तुम थाली के बैंगन हो
तू बे पेंदी का लोटा है — तुम बे पेंदी के लोटे हो

इस प्रकार यह स्पष्ट है कि :

तुम हमारे गले के हार बन जाओ ही अधिक प्रशस्त है।

किंतु कहीं-कहीं इस नियम का अपवाद भी मिलेगा; विशेषकर ऐसी स्थिति में जहाँ 'के' को 'का' में बदलने से वाक्य का अर्थ ही बदल जाए। यदि हम कहें कि 'तुम मेरे सहारे हो' तो इसका अर्थ यह होगा कि 'तुम मुझ पर आश्रित हो।' अतः यह भाव व्यक्त करने के लिए कि 'मैं तुम पर आश्रित हूँ,' कहना होगा :

तुम मेरा सहारा हो।

जैसे और आदि

जैसे

(1) क्रि. वि. जिस तरह, जिस प्रकार, जिस ढंग से।

उ. (क) जैसे मैं कह रहा हूँ, वैसे ही कहना।

(ख) कूदो।
कैसे कूदूँ?
जैसे राम और श्याम कूदे थे।

(ग) जैसा तुम खेलते हो, वह मैं 10 वर्ष से देख रहा हूँ।

(घ) जैसे आए, वैसे न आए।

पद

जैसे जैसे=ज्यों ज्यों, जिस क्रम से।

उ. जैसे जैसे (व्यापार में) परिश्रम करते जाओगे, वैसे वैसे लाभ भी बढ़ता जाएगा।

जैसे तैसे=किसी प्रकार, बड़ी कठिनाई से।

उ. (क) जैसे तैसे मैं उन्हें ले तो आया हूँ। अब उन्हें रोकना तुम्हारा काम है।

(ख) जैसे तैसे काम चल ही रहा है।

जैसे बने, वैसे=जिस प्रकार भी संभव हो, जिस प्रकार भी हो सके।

उ. (तुम से) जैसे बने, वैसे यह सगाई कराओ।

जैसे चाहे नचाना=अपनी इच्छा के अनुसार (किसी से) आचरण कराना।

उ. (1) अब मैं तुम पर आश्रित हूँ; जैसे चाहो नचाओ।

(2) मैं तो उस पर मुग्ध हूँ; जैसे चाहे नचा ले।

(3) बेटा तू जानता है, जैसा तू कहेगा, वैसा मैं करूँगा। जैसे चाहे नचा ले।

लोकोक्तियाँ

जैसे मियाँ काठ, वैसी सन की दाढ़ी=एक तो यों ही मूर्ख है, ऊपर से सठिया गया है।

जैसे एक बार, वैसे हज़ार बार=कोई बुरा काम एक बार करो या कई बार, कोई अंतर नहीं पड़ता।

जैसे कंथा घर रहे, तैसे रहे विदेस=निकम्मा व्यक्ति चाहे घर रहे चाहे बाहर, एक ही बात है।

जैसे गंगा नहाए, वैसा फल पाए=फल श्रद्धा के अनुसार ही मिलता है।

जैसे मुर्दे पर सौ मन मिट्टी, वैसे हज़ार मन=मुर्दे पर तो कोई प्रभाव नहीं पड़ता।

जैसे साजन आए, तैसे बिछौना बिछाए=यदि कहीं ख़ाली हाथ जाओगे तो वैसा ही सत्कार भी मिलेगा।

जैसे हरि गुन गाए, वैसे गाल बजाए=जब हरि भजन में तुम्हारा मन ही नहीं लगता तो तुम्हारे लिए कीर्तन करना और गाल बजाना एक ही बात है।

(2) अव्यय–उदाहणार्थ, यथा :

इस अर्थ में 'जैसे' का प्रयोग सामान्यतः परिभाषाओं के अंत में होता है, जैसे :

(क) पशु–चार पैरों वाला दुमदार जानवर जैसे भेड़, बकरी, ऊँट।

(ख) आना–किसी व्यक्ति या वस्तु का कहीं से चलकर वक्ता की ओर बढ़ना, जैसे–अतिथि आना, हवा आना, रेलगाड़ी आना।

आदि

'आदि' एक अव्यय है जिसका अर्थ है–इसी प्रकार के और बहुत से। इसी वर्ग के और भी।

उ. (क) कुर्ते, क़मीज़ें, पाजामे आदि सब अलमारी में ही हैं।

(ख) उसने मुर्ग़े, बत्तखें, कबूतर आदि बहुत से पक्षी पाल रखे हैं।

(ग) भैंस, कौए, कोयल आदि का रंग काला होता है।

आजकल 'आदि' अव्यय का बहुत दुरुपयोग हो रहा है। बहुत से लेखक परिभाषाएँ इस रूप में देते हैं :

चौपाया–पु. ऐसा पशु जो चारों (दो अगले, दो पिछले) पैरों से चलता हो। जैसे–गाय, घोड़ा, हिरन आदि।

यहाँ दो बातें विचारणीय हैं। एक तो यह कि 'जैसे' के पहले खड़ी पाई (पूर्ण-विराम चिह्न) का आना ग़लत है। 'जैसे' के प्रयोग का अर्थ यही है कि जो बात हम कह रहे हैं, उसी के उदाहरण देना चाहते हैं। अर्थात् 'जैसे' के पहले वाक्य पूरा हुआ ही नहीं। या तो 'जैसे' के पहले अल्प-विराम चिह्न होना चाहिए या कोई भी चिह्न नहीं होना चाहिए।

दूसरी बात यह है कि जब हम उदाहरणों के पहले 'जैसे' का प्रयोग करते हैं तो उदाहरणों के बाद 'आदि' का प्रयोग नहीं करना चाहिए। उपरिलिखित परिभाषा के संदर्भ में 'जैसे' इस बात का द्योतक है कि हम यहाँ दृष्टांत स्वरूप दो-चार चौपायों का नाम देते हैं। होते तो इनके अतिरिक्त और भी सैकड़ों हैं। फिर 'आदि' लगाने में क्या तुक है?

एक वाक्य लीजिए :

राम, कृष्ण और गोपाल जैसे जाने कितने आए और चले गए।

यहाँ 'आदि' लगाने की कोई गुंजाइश नहीं है। अब इसी वाक्य को उलट कर लिखिए :

जाने कितने आए और चले गए, जैसे राम, कृष्ण और गोपाल।

वाक्य को उलट देने से भी उसका अर्थ ज्यों का त्यों बना रहा। फिर 'आदि' क्यों लगाया जाए?

एक दृष्टांत और लीजिए :

गाय, घोड़ा, हिरन आदि बहुत से ऐसे पशु होते हैं जो चारों पैरों से चलते हैं। इन्हें चौपाया कहते हैं।

यहाँ हमने 'आदि' का प्रयोग किया है, अतः 'जैसे' का प्रयोग नहीं किया। यदि 'जैसे' का प्रयोग होगा तो 'आदि' का नहीं होगा।

एक रोचक तथ्य यह भी है कि ऐसे लेखक भी केवल शब्दों के आगे ही 'आदि' लगाते हैं, वाक्यों या पदबंधों के आगे नहीं लगाते। चौपाए की उपरिलिखित परिभाषा, हमने 'मानक हिंदी कोश' से ली है। उसी कोश से हम 'गिरना' क्रिया-पद का तीसरा अर्थ देते हैं :

'ज़मीन' को आधार बनाकर उस पर खड़ी होने, बैठने अथवा चलने वाली वस्तु का ज़मीन पर पड़ या लेट जाना। जैसे—(क) दीवार या छत गिरना (ख) कुरसी या मेज़ गिरना (ग) चलती हुई गाड़ी या दौड़ता हुआ लड़का गिरना।

यह बात समझ में नहीं आती कि यदि शब्दों के आगे 'आदि' का लगाना आवश्यक है, तो पदबंधों और वाक्यों के आगे लगाना क्यों आवश्यक नहीं है?

एक तुर्रा और भी है : ऐसे लेखक 'आदि' का प्रयोग शब्दों के आगे भी तभी करते हैं, जब दृष्टांत स्वरूप दो, तीन या अधिक शब्द दिए जाएँ। यदि एक ही दृष्टांत दिया जाए तो भी सामान्यतः ये लोग 'आदि' का प्रयोग नहीं करते। 'युग' का एक अर्थ देखिए :

पुं. काल। समय। जैसे पूर्व युग।

इसका क्या कारण है? बहुत माथा-पच्ची करने पर एक बात समझ में आई है। बहुत बार हम ऐसे अनुकरणवाची शब्दों का प्रयोग करते हैं जिनका स्वयं कोई अर्थ नहीं होता, किंतु मुख्य शब्द के साथ प्रयुक्त होने पर उनका वही अर्थ होता है जो 'आदि' का। जैसे :

(क) लड़कों, वड़कों को वहीं रहने दो।

यह संभव है कि 'लड़कों' के साथ कोई और न बैठा हो। तब तो 'वड़कों' बिल्कुल निरर्थक होगा। किंतु, संभव है लड़कों के साथ कोई बच्चा बैठा हो। तब 'वड़कों' उसी बच्चे का द्योतक हो जाएगा।

(ख) रोटी वोटी तो खा लो, तब चलेंगे।

रोटी अकेली नहीं खाई जाती। उसके साथ दाल, चावल, सब्ज़ी आदि जो भी खाद्य पदार्थ रखे हों, उन सबका समावेश 'वोटी' में हो जाएगा।

कदाचित् इसी कारण किसी अकेले शब्द के साथ 'आदि' का प्रयोग नहीं होता।

हम यहाँ दृष्टांत स्वरूप एक परिभाषा देते हैं—उस रूप में, जिस रूप में हमारे विचार में परिभाषा देनी चाहिए :

सरीसृप—वे जंतु जो ज़मीन पर रेंगते हुए चलते है, जैसे :

छिपकली, साँप, कनखजूरा।

हम यह मानते हैं कि इस प्रकार लिखने से काग़ज़ का थोड़ा अपव्यय होगा। अतएव, यदि 'जैसे' के आगे वियोजिका (–) लगाकर उसी पंक्ति में उदाहरण दे दिए जाएँ तो हम उसे भी अनुचित न समझेंगे।

हम चाहें तो 'जैसे' के बदले 'उदाहरणार्थ' लिख सकते हैं। उससे विराम चिह्नों आदि में कोई अंतर नहीं पड़ेगा।

किंतु यदि हम 'उदाहरण' शब्द का प्रयोग करें तो स्थिति बदल जाएगी :

सरीसृप—वे जंतु जो ज़मीन पर रेंगते हुए चलते हैं। उदा. छिपकली, साँप, कनखजूरा।

'उदाहरण' के पहले वाक्य समाप्त हो जाता है। अतः हम खड़ी पाई लगा सकते हैं। 'उदाहरण' का स्वतंत्र रूप से प्रयोग कर सकते हैं। 'जैसे' पिछले वाक्य से संबद्ध रहता है। उसे स्वतंत्र रूप से प्रयुक्त नहीं कर सकते। यही हाल 'उदाहरणार्थ' का है।

हमारे कुछ मित्र कहते हैं कि 'जैसे' का भी स्वतंत्र प्रयोग मान लेना चाहिए। यह समझना चाहिए कि सारी व्याख्या के दो स्वतंत्र अंग हैं :

अंग (1) शब्द+परिभाषा

(2) जैसे+उदाहरण

हमारे विचार में यह विचारधारा अयुक्त है। मान लीजिए हम व्याख्या इस रूप में करते हैं :

सरीसृप—वे जंतु जो ज़मीन पर रेंगते हुए चलते हैं।

उदाहरणों की सूची

1. छिपकली
2. साँप
3. कनखजूरा

यहाँ हम कह सकते हैं कि व्याख्या के दो पृथक्-पृथक् अंग हैं :

(1) 'सरीसृप' से 'हैं' तक।

(2) 'उदाहरणों' से 'कनखजूरा' तक।

किंतु क्या हम 'जैसे' का प्रयोग करके भी इसी प्रकार व्याख्या को दो पृथक्-पृथक् अंगों में विभाजित कर सकते हैं?

क्या हम 'उदाहरणों की सूची' के स्थान पर 'जैसों की सूची' लिख सकते हैं?

तक

इन चार वाक्यों पर विचार कीजिए :

रेल चार घंटों तक रुकी रही।

वह चार बरसों तक पढ़ता रहा ।

रेल चार घंटे तक रुकी रही।

वह चार बरस तक पढ़ता रहा।

'शब्द-मीमांसा' के पृ. 147 पर और 'नमूना' की टिप्पणी 91 में वाजपेयी जी कहते हैं कि उपरिलिखित वाक्यों में से पहले दो अशुद्ध हैं। हम उन से सहमत हैं।

अब श्री निगमानंद की टिप्पणी देखिए जो उन्होंने 'राष्ट्रभाषा' के पृ. 64 पर दी है :

ये चारों ही वाक्य शुद्ध हैं। अंतर इतना है कि जब संख्यावाचक 'चार' शब्द का 'घंटे' या 'बरस' के साथ समास कर देते हैं तब 'चार-घंटे', 'चार-बरस' ही बनेगा। जब 'चार' शब्द का समास नहीं करते तब 'चार घंटों तक', 'चार बरसों तक' ही ठीक है। पहले दो वाक्यों में 'घंटा' और 'बरस' पर ज़ोर है तथा दूसरे दो वाक्यों में 'चार' संख्या पर ज़ोर है। वही विधेय है—मुख्य है। समास वाले वाक्यों में सरलता पैदा करने के लिए डैश (—) लगा देना चाहिए। 'चार—घंटे,' 'चार—बरस' तक आदि।

हम निगमानंद जी से सहमत नहीं हैं। हमारे विचार में 'तक' एक अव्यय है जो दूरी, समय, शक्ति आदि की **सीमा** निर्धारित करता है, दूरी, सीमा, शक्ति आदि का निर्धारण नहीं करता।

उ. (क) यहाँ से वहाँ तक दौड़कर दिखाओ।

(ख) वह कल तक लौट आएगा।

पिछले वाक्य का यह अर्थ है कि 'कल किसी भी समय लौटेगा।' 'कल' की समाप्ति तक लौट आएगा।

किंतु कभी कभी 'तक' 'उधर की सीमा' के बदले 'इधर की सीमा' का द्योतन कर देता है, जैसे :

(ग) वह रात तक आएगा।

अर्थात् वह रात आंरभ होने तक सोने के समय तक, आ जाएगा।

(घ) चलने की कौन कहे, अब तो उससे उठा तक नहीं जाता।

(ङ) निबंध लिखना तो दूर रहा, उसे तो क-ख-ग तक नहीं आता।

इन दोनों वाक्यों में भी इधर की सीमा ही है।

अब दूसरे प्रकार के कुछ उदाहरण लीजिए :

(च) सूद तो सूद, उसने मूल तक मार लिया।

(छ) मूल तो मूल उसने सूद तक दे दिया।

(ज) 5000 रुपए में महल तो क्या, झोंपड़ी तक नहीं बनेगी।

(झ) 5 लाख में झोंपड़ी तो क्या, महल तक बन जाएगा।

(ञ) उसने तो उठने का नाम तक न लिया।

(ट) उसने पानी तक को न पूछा।

हमारे विचार में ये वाक्य शुद्ध हैं :

(1) वह चार घंटे रुका रहा।

(2) वह घंटों रुका रहा।

(3) वह चार वर्ष पढ़ता रहा।

(4) वह वर्षों पढ़ता रहा।

(5) मैं 2 बजे तक बैठा रहा।

किंतु अब कहीं कहीं पर 'तक' का प्रयोग दूरी, समय, शक्ति आदि के द्योतक के रूप में भी होने लगा है, जैसे :

(क) तुमने मुझसे एक घंटा रुकने को कहा था; मैं दो घंटे तक रुका रहा। फिर भी तुम न आए।

(ख) यह झंडा कोसों तक दिखाई पड़ता है।

(ग) खिड़की से दूर दूर तक का दृश्य दिखाई देता है।

(घ) मैं देर तक बैठा रहा।

किंतु इन प्रयोगों को अपवाद रूप ही मानना चाहिए। अतएव हम निम्नलिखित वाक्यों को भी अशुद्ध नहीं कह सकते :

वह चार घंटे तक रुका रहा।

वह चार वर्ष तक पढ़ता रहा।

पर और ऊपर

ऊपर

'ऊपर' एक अव्यय है जो सामान्यतः क्रिया-विशेषण और कभी-कभी विशेषण अथवा संज्ञा के रूप में प्रयुक्त होता है। इसके निम्नलिखित अर्थ हैं :

1—ऊँचे स्थान पर। आकाश की ओर। किसी तल या बिंदु की तुलना में ऊँचाई पर।

उ. (क) वह ऊपर (छत पर) बैठा है।

(ख) ऊपर, कमरे में, एक अलमारी है।

(ग) सूर्य ऊपर पहुँच गया।

(घ) ऊपर गगन विशाल, नीचे है गहरा पाताल। बीच में पृथ्वी, वाह, मेरे मालिक तूने किया कमाल।

2—(किसी क्रम में) पहले।

उ. हम ऊपर लिख आए हैं कि बात कुछ और ही थी।

3—उच्चकोटि या श्रेणी में।

उ. बहन परीक्षा में उत्तीर्ण होकर ऊपर चली गई, भाई उसी कक्षा में रह गया।

के ऊपर

'के ऊपर' एक अव्यय पद है जो कई अर्थों में प्रयुक्त होता है।

1—ऊँचे स्थान पर। ऊँचाई पर। आकाश की ओर।

उ. (क) चील मकान के ऊपर उड़ रही है।

(ख) लालटेन मेज़ के ऊपर टँगी है।

(ग) गुब्बारा हवाई जहाज़ के भी ऊपर पहुँच गया।

2—आधार पर। सहारे पर। के सहारे।

उ. (क) बाल्टी मेज़ के ऊपर है या नीचे?

(ख) लोटे के ऊपर कटोरी ढक दो।

3—विस्तार में, चारों ओर; अथवा इस प्रकार कि किसी वस्तु अथवा शरीर का कुछ अंश ढक ले।

उ. (क) शरीर के ऊपर बनियान तो डाल लो।

(ख) उसने क़मीज़ के ऊपर अचकन पहन रखी थी।

4—तट पर। पास ही।

उ. (क) झील के ऊपर एक बँगला बना है।

(ख) गंगा के ठीक ऊपर मकान बनवाओ तो बात है।

5—उच्च कोटि या श्रेणी में।

उ. (क) सिपाहियों के ऊपर हवलदार होता है और हवलदारों के ऊपर दारोग़ा।

(ख) हमारे ऊपर भी भगवान् है।

6—कर्तव्य अथवा भार के रूप में।

उ. (क) अभी तो उसके ऊपर बहुत सा ऋण शेष है।

(ख) मैंने सारा दोष अपने ऊपर ले लिया।

(ग) अभी तो तुम्हारे ऊपर बहन के विवाह का दायित्व है।

से ऊपर

'से ऊपर' भी एक अव्यय पद है जो निम्नलिखित अर्थों में प्रयुक्त होता है।

1—अधिक, ज़्यादह

उ. (क) बैठे हुए घंटे भर से ऊपर हो गया।

(ख) यज्ञोपवीत में 5000 रुपए से ऊपर उठ गया।

2—किसी गुण आदि में श्रेष्ठ; उत्तम।

उ. (क) यों तो मेरे बहुत से संबंधी हैं, किंतु आप सब से ऊपर हैं।

पद

ऊपर ऊपर—(1) अलग अलग। बिना संपर्क स्थापित किए।

उ. तुम ऊपर ऊपर आते हो और मुझे मुँह भी दिखाए बिना चले जाते हो।

(2) चुपके चुपके। बिना ख़बर किए।

उ. उसने ऊपर ऊपर सारी रक़म डकार ली, हमें बताया तक नहीं।

ऊपर ऊपर से=सतह पर से। बिना गहराई में गए।

उ. ऊपर ऊपर से तो स्थिति ठीक दिखाई देती है, अंदर से देखें तो पता चले कि उस पर कोई ऋण तो नहीं है।

ऊपर का=(1) नियत, नियमित, औपचारिक आदि से भिन्न।

उ. (क) कुछ ऊपर की आमदनी भी हो जाती है या नहीं?

(ख) एक आदमी ऊपर के काम के लिए भी तो चाहिए।

(ग) मैं तो किसी ऊपर के आदमी को फाटक के अंदर घुसने भी नहीं देता।

(2) पद, अधिकार आदि के विचार से उच्च स्थिति वाला।

उ. ऊपर की अदालत ने पिछला फ़ैसला रद्द कर दिया।

लोक. ऊपर का दम ऊपर, नीचे का नीचे=ऐसी स्थिति जिसमें होश उड़ जाते हैं; मनुष्य भौचक्का और भयभीत हो जाता है।

ऊपर-तले=एक के ऊपर एक।

उ. यहाँ ऊपर-तले दस थान रखे हुए हैं।

ऊपर-तले के भाई-बहन=ऐसे दो भाई-बहन जिनके बीच में कोई अन्य भाई-बहन न हुआ हो। एक के बाद दूसरा होने वाले भाई अथवा बहन।

ऊपर-नीचे=ऊपर-तले

ऊपर से=(1) प्रत्यक्ष रूप में

उ. ऊपर से इतना सीधा दिखाई पड़ता है; दिल में इतना कपट है।

ऊपर से=(2) इसके अतिरिक्त।

उ. (क) सिर में दर्द तो था ही, ऊपर से ज्वर भी आ गया।

(ख) एक तो चोर, ऊपर से घँघोर।

पर और के ऊपर

'पर' सप्तमी की विभक्ति अर्थात् अधिकरण कारक का चिह्न है।

उ. कबूतर छतरी पर बैठा है।

'पर' का प्रयोग वहाँ होता है जहाँ अधिकरण का ऊपरी तल आधेय के निचले तल से सटा रहता है, जैसे :

मेज़ पर पुस्तक रखी है।

वह मूँढे पर बैठा है।

किंतु 'के ऊपर' में सटने का भाव प्रधान नहीं है। सामान्यतः इस पद का प्रयोग तब होता है जब आधेय का निचला तल अधिकरण के ऊपरी तल से ऊँचाई पर होता है, जैसे :

(क) वायुयान बादलों के ऊपर उड़ रहा है।

(ख) बच्चे के ऊपर से छलाँग मत मारना।

'पर' और 'के ऊपर' के प्रयोग का अंतर इन उदाहरणों से स्पष्ट हो जाएगा :

(क) थाली पर पैर मत रखो; उसके ऊपर से छलाँग मारकर आ जाओ।

(ख) भैंस की पीठ पर कौआ बैठा है, और उस (भैंस) के ऊपर मक्खियाँ उड़ रही हैं।

(ग) नाव पानी पर तैर रही है; हंस ऊपर से निकल गया।

'पर' का एक अर्थ 'के बदले' भी है, जैसे :

मैंने उसे मकान किराए पर दिया है।

दस रुपए किराए पर कोठरी ले लो।

इस संदर्भ में देखिए 'अच्छी हिंदी' पृ. 281।

यहाँ हम कुछ ऐसे उदाहरण देते हैं जिनमें 'के ऊपर' का अशुद्ध और भद्दा प्रयोग हुआ है और जिनमें 'पर' रखना ही ठीक होगा :

. . . .

"तुम पैंतीस-चालीस रुपए के ऊपर अलग घर लेकर रहो।"

इस पर 'नमूना' में वाजपेयी जी की टिप्पणी 95 पठनीय है। आप लिखते हैं :

वर्मा जी 'के ऊपर' की जगह 'पर' लगाना चाहते हैं। दोनों तरह के प्रयोग होते हैं :

(1) तुम दस रुपए पर घर लेना।

(2) तुम दस रुपए के ऊपर घर लेना।

"पहले वाक्य में 'पर' का अर्थ है कि 'इतने किराए का लेना।' दूसरे में 'के ऊपर' का मतलब है कि 'दस रुपए से अधिक किराए का ज़रा अच्छा घर लेना।' वर्मा

जी के ऊपर हटाकर सर्वत्र 'पर' लगाकर दूसरों का मतलब ही उड़ा देना चाहते हैं।''

हमारे जैसे प्राणी दूसरे अर्थ में कहेंगे कि

''तुम दस रुपए से ऊपर का घर लेना।''

यह कदापि नहीं कहेंगे कि

''तुम दस रुपए के ऊपर घर लेना।''

हमें वाजपेयी जी की उक्ति तर्कसंगत नहीं लगती।

बहुत और बड़ा

सामान्यतः 'बहुत' का प्रयोग संख्या अथवा मान-परिमाण में अधिकता अथवा अनुभव की तीव्रता का आशय सूचित करने के लिए और **बड़ा** का प्रयोग आकार, अवस्था, विस्तार, गुण आदि की असाधारणता, महत्ता या विशिष्टता सूचित करने के लिए होता है, जैसे :

क– (1) **बहुत** दिन हुए।
(2) उसे **बहुत** धन मिला।
(3) मुझे **बहुत** दुःख हुआ।
(4) उसके लिए 100 रुपए महीना **बहुत** है।

ख– (1) यह **बड़ी** जाति का आँवला है।
(2) वह मेरा **बड़ा** भाई है।
(3) उसने **बड़े** पते की बात कही।
(4) छोटे मुँह **बड़ी** बात नहीं कहनी चाहिए।

परंतु व्यवहार में ऐसा देखने में आता है कि **बड़ा** अनेक स्थलों पर **बहुत** का स्थान ले लेता है। इस संबंध में श्री रामचंद्र वर्मा की टिप्पणी द्रष्टव्य है। आप 'अच्छी हिंदी के' पृ. 142 पर लिखते हैं :

''एक बहुत साधारण शब्द 'बड़ा' है जिसका बहुत अधिक भ्रमपूर्ण प्रयोग देखने में आता है। 'वह बड़ा चालाक है।' 'इस काम में बड़ा लाभ है।' 'आपने बड़ा अच्छा काम किया।' 'उससे हमें बड़ा सहारा मिला।' 'वहाँ बड़ा भूकंप आया।' 'वे बड़े भारी कवि थे।' 'यह पुस्तक बड़ी सुंदर है।' 'उन का बड़ा सम्मान हुआ।' आदि अनेक प्रयोग नित्य सामने आते हैं। इन सभी अवस्थाओं में 'बड़ा' की जगह 'बहुत' होना चाहिए।''

समय के प्रवाह के साथ अब उक्त प्रयोगों में खटक नहीं रही। अच्छे-अच्छे लेखक 'बहुत' के अर्थ में 'बड़ा' का प्रयोग करते देखे जाते हैं।

उपरिलिखित उदाहरणों में से एक है : 'वहाँ बड़ा भूंकप आया।' यहाँ 'बड़ा' के स्थान पर 'बहुत' नहीं हो सकता। 'बड़ा भूकंप' का अर्थ होगा, 'बहुत तीव्र भूकंप।'; किंतु यदि उक्त स्थान पर संख्या में अनेक भूकंप आए हों तो कहना होगा :

वहाँ बहुत भूकंप आए।

इसी प्रकार के प्रयोग हैं :

बड़ा तूफ़ान आया।

बहुत तूफ़ान आए।

बड़ा बवंडर उठा।

बहुत बवंडर उठे।

इसी संबंध में स्वामी निगमानंद जी 'राष्ट्र-भाषा' के पृ. 107 पर कहते हैं :

'बड़ा' का प्रयोग सदा साकार पदार्थों के लिए करना चाहिए या जिनका आकार बन सके, उनके लिए; निराकार पदार्थों के लिए नहीं। 'बड़ा पानी' या 'बड़ा घी' अथवा 'बड़ा आटा' लिखना या बोलना ठीक नहीं है क्योंकि पानी, घी, आटा आदि पदार्थ निरूप भले ही न हों; पर निराकार अवश्य हैं। आधार के आकार से भिन्न इनका कोई स्वतंत्र आकार नहीं होता। 'आटा' भी छोटे-छोटे कणों का पुंज है : उसका छोटा-बड़ा आकार नहीं होता। यद्यपि 'संख्या, बात' आदि पदार्थ भी निराकार ही हैं; तो भी इनका आकार बनाया जा सकता है, जैसे—1, 10, 100. कोई बात दस पंक्तियों में लिखी जाती है, तो कोई बीस पंक्तियों में इसलिए 'छोटी संख्या' तथा, 'छोटा मुँह, बड़ी बात' लिखना और बोलना सर्वथा शुद्ध है। नए विद्यार्थियों को चाहिए कि जिस शब्द के साथ 'छोटा' शब्द ठीक-ठीक बैठ सके, उसी के साथ 'बड़ा' शब्द बैठाना चाहिए।

स्वामी जी के मत से निम्नलिखित प्रयोग अशुद्ध होंगे। परंतु ये इतने प्रचलित और जानदार हैं कि इन्हें छोड़ा नहीं जा सकता :

वह **बड़ी** आशा से तुम्हारे पास आया था।

उन लोगों ने वहाँ **बड़ा** अंधेर मचा रक्खा है।

वह मुझे **बड़े** ध्यान से देख रहा था।

बड़ा अनर्थ हुआ।

बड़ी देर लगाई!

स्वामी जी का यह कहना कि 'बड़ी बात' में उसके अधिक शब्दों से युक्त होने की विवक्षा है, जमता नहीं। अपनी समझ में तो 'बड़ी बात' का मतलब 'असाधारण बात' या 'महत्त्वपूर्ण बात' है।

स्वामी जी की दूसरी उक्ति है कि 'जहाँ 'छोटा' शब्द का प्रयोग ठीक बैठ सके, उसी के साथ 'बड़ा' शब्द बैठाना चाहिए।' यह भी कोई बढ़िया दलील नहीं है। कुछ प्रयोगों में 'छोटा' फबता है, 'बड़ा' बैठता ही नहीं, जैसे :

छोटी दाज़िरी=सवेरे का हलका नाश्ता।

छोटा भैया=ऐसा व्यक्ति जिसकी समाज में, मान, प्रतिष्ठा कम हो।

छोटे जी का आदमी=ऐसा व्यक्ति जिसका हृदय अनुदार हो।

जी छोटा करना=हिम्मत हारना।

इसके विपरीत, बहुत से पदबंध ऐसे हैं जिनमें 'बड़ा' प्रयुक्त होता है, 'छोटा' चल ही नहीं सकता, जैसे :

बड़े आए मारने वाले!

वह **बड़े** घर की बेटी ठहरी।

अपने आप को **बड़ा** तीस मार ख़ाँ समझता है।

आज **बड़ा** पानी बरसा।

भी

'भी' एक अव्यय है जिसका प्रयोग निम्नलिखित भाव व्यक्त करने के लिए होता है :

(क) निश्चित रूप से औरों या अन्य वस्तुओं या बातों के अतिरिक्त या साथ।

उ. (1) गार्ड ने सीटी ही नहीं दी, झंडी भी दिखा दी।

(2) राम के साथ उसकी पत्नी भी गई।

(3) उसने गालियाँ भी दीं, डंडा भी मारा।

(4) कह चुके या कुछ और भी कहना है?

(5) उसमें कोई दोष भी तो होगा?

(6) किसी ढंग के आदमी से भी पूछा?

(ख) तक या पर्यंत।

उ. (1) उसने तो नमस्कार भी नहीं किया।

(2) ब्याज तो ब्याज, उसने मूल भी नहीं दिया।

(3) वह तो दो सेर का कोंहड़ा भी खा जाएगा।

(4) खाना तो दूर रहा, उसने सूँघा भी नहीं।

(5) 5 लाख में झोंपड़ा क्या, महल भी बन जाएगा।

(ग) केवल ज़ोर देने के लिए, विशेषकर कोई अनुपयुक्तता दिखाई देने पर।

उ. (1) कुछ भी कहो, आदमी बुरा नहीं है।

(2) वह भी अजीब आदमी है।

(3) वह आया भी, और चला भी गया।

(4) तुम भी बस तुम ही हो।

(5) यह भी कोई बात हुई!

(6) यह भी एक ही रही!

वर्माजी 'अच्छी हिंदी' के पृ. 187 पर लिखते हैं :

"किसी भी, कोई भी, अभी भी, कभी भी, कहीं भी, किन्हीं भी, जो भी,— इन सबमें 'भी' अनावश्यक है। ख़ाली 'किसी, कोई, कहीं' आदि से पूरा अर्थ

निकलता है, और उनके साथ 'भी' लगाने से वाक्य प्रायः भद्दा हो जाता है।"

हम ऐसा नहीं मानते। अनेक अवसरों पर उपरिलिखित शब्दों के साथ 'भी' लगने से वाक्य में बहुत ज़ोर आ जाता है।

उ. (1) किसी आदमी को भेज दो; आकर मेज़ ले जाए।
यहाँ रामा और भोलू दो आदमी हैं, किस को भेजूँ?
किसी को भी भेज दो।
(2) दोनों भाइयों में से किसी को भेज दो : स्टेशन से माता जी को ले आए।
दोनों में से किसको भेजने से काम बनेगा?
कोई भी चला जाए; काम बन जाएगा।
(3) सवेरे से दिखाई नहीं पड़े। क्या तुम कहीं गए हुए थे?
मैं तो कहीं भी नहीं गया था।
(4) तुमने जो कहा, मैंने मान लिया।
कहाँ माना? तुम से दवा खाने को कहा था; तुम ने खाई?
बराबर खा रहा हूँ। मैं फिर कहता हूँ, तुमने जो भी कहा, मैंने माना।

आगे चलकर वर्मा जी कहते हैं :

"इसी प्रकार, जितना भी, कितना भी, आदि की जगह 'चाहे जितना, कितना ही' का प्रयोग ठीक है।"

हमारे विचार में कहीं-कहीं 'भी' लिखना आवश्यक हो जाता है।

उ. (5) जितना भी माल हो, निकालकर रख दो; नहीं तो गोली मार दूँगा।

यहाँ, 'जितना भी' के स्थान पर न तो 'चाहे जितना' चलेगा, न 'जितना ही।' यदि 'भी' को निकालकर केवल 'जितना' से काम लें तो वाक्य का ज़ोर बहुत घट जाएगा। यहाँ 'जितना भी' का अर्थ है 'जितना (माल है) सबका सब।'

आगे वर्माजी लिखते हैं :

"वाक्य में 'भी' का बे-ठिकाने प्रयोग भी बहुत खटकता है, जैसे : 'वे भी लोग हैं, जिन्होंने यह योजना तैयार की है।' साधारणतः होना चाहिए—वे लोग भी हैं..."

हम यह मानते हैं कि साधारणतः ऐसा ही प्रयोग होना चाहिए जैसा वर्माजी ने कहा है। किंतु कहीं-कहीं 'भी' का उस प्रकार का प्रयोग भी आवश्यक ही नहीं, ज़ोरदार भी हो जाता है जिसे वर्माजी ने बे-ठिकाने कहा है, जैसे :

"आख़िर तुम इस योजना की इतनी बुराई क्यों करते हो? वे भी तो आदमी ही हैं जिन्होंने यह योजना तैयार की है।"

अब देखिए पृ. 188 :

" 'आप' (निज वाचक) 'स्वयं' या 'खुद' के साथ 'भी' प्रायः निरर्थक हो जाता है। 'मैं आप (या स्वयं) वहाँ जाऊँगा' कहना ही यथेष्ट है। 'मैं आप (या स्वयं)

भी...' कहना मानो आप (या स्वयं) पर दोहरा और वस्तुतः व्यर्थ का ज़ोर देना है।''
अब तनिक इस वार्तालाप पर विचार कीजिए :

क्यों भई, पड़ोस में लड़के का विवाह है। किसी लड़के को वहाँ भेज दिया है या नहीं?

लड़के को तो भेज ही दिया है। मैं स्वयं भी वहाँ जाऊँगा।

हमारे विचार में 'भी' का यह प्रयोग बिल्कुल ठीक है। 'मैं स्वयं जाऊँगा' का केवल यह अर्थ होगा कि 'किसी और को नहीं भेजूँगा, मैं ही जाऊँगा।'

एक और प्रयोग पर वर्माजी ने आपत्ति की है :

चलो, जाने भी दो।

हमारे विचार में यह प्रयोग भी बिल्कुल ठीक है। 'जाने दो' का यह अर्थ है :

''बात तो अनुचित अवश्य हुई है, किंतु तुम तरह दे जाओ। उसके विषय में अब कोई कार्रवाई मत करो। न मन में कोई वैमनस्य रक्खो।''

'भी' से और ज़ोर बढ़ जाता है।

विशेष प्रयोग

देखिए 'अच्छी हिंदी' पृ. 66 :

उदाहरण के लिए यदि हम कहें—कल हिमालय पर्वत लंदन की सैर करने गया था : या अमेरिका का एक हवाई जहाज़ आज-कल चीन में अपने रहने के लिए एक मकान बना रहा है, तो ये दोनों वाक्य व्याकरण की दृष्टि से बिल्कुल ठीक होने पर भी अर्थ की दृष्टि से किसी मतलब के नहीं हैं।...

'कौआ हमारी चक्की उठा ले गया' या 'बिल्ली ने हाथी को खा लिया' सरीखे वाक्य बच्चों की कहानियों में भले ही खप जाएँ, पर वस्तुतः इनका कुछ अर्थ नहीं होता।

अब देखिए वाजपेयी जी की टिप्पणी 46 :

''वर्माजी ऐसे प्रयोगों को बिल्कुल ग़लत समझते हैं। इसलिए—'काशी चौंक उठी,' 'प्रयाग के सुख का ठिकाना न रहा, जब नेहरू जी प्रधान मंत्री हुए', 'मास्को क्या कहता है' इत्यादि प्रयोग ग़लत हैं। यहाँ सब जगह 'वासी' और लगना चाहिए।''

'काशी' काशी वासियों का प्रतीक है। 'काशी चौंक उठी' जैसे वाक्य किसी विशेष प्रसंग के अनुसार ठीक होंगे, जैसे ''प्रदेश की सरकार ने निश्चय किया है कि बनारसवासियों पर एक नया कर लगाया जाए। सुनते ही काशी चौंक उठी।''

किंतु, क्या हर स्थान पर ऐसा वाक्य सार्थक होगा? मान लीजिए, कोई लिखता है :

''कल एक विद्यार्थी ने एक आम खाया। काशी चौंक उठी।'' इसका क्या अर्थ निकलेगा?

मान लीजिए हिमालय क्षेत्र भी बस गया है, और उसके अधिकतर निवासी लंदन की सैर को चले गए हैं। तो अवश्य यह कहना सार्थक होगा कि

"ऐसा प्रतीत होता है मानो हिमालय पर्वत लंदन की सैर करने गया है।" किंतु जब तक इस प्रकार का प्रसंग न हो तब तक ऐसा वाक्य निरर्थक ही समझा जाएगा।

ऊपर लिखे अन्य वाक्य भी किसी विशिष्ट संदर्भ में सार्थक हो सकते हैं। "कौआ हमारी चक्की उठा कर ले गया" निरर्थक है। किंतु यदि 'चक्की' से मतलब किसी खिलौने से हो तो यही वाक्य सार्थक हो जाएगा।

'बिल्ली ने हाथी को खा लिया' निरर्थक वाक्य है, किंतु यदि 'हाथी' चीनी का बना हुआ कोई खिलौना है तो बिल्ली उसे अवश्य खा जाएगी।

वाजपेयी जी चाहें तो इन सब वाक्यों पर भी ऐसी ही टीका टिप्पणी कर सकते हैं। यह उनकी उदारता है जो ये वाक्य छोड़ दिए।

वर्माजी ने लिखा है कि ऐसे वाक्य बच्चों की कहानियों में ही खप सकते हैं। हम वर्माजी से सहमत नहीं हैं। जैसा हम ऊपर दिखा चुके हैं, विशेष संदर्भों में ऐसे वाक्यों का वास्तविक अर्थ हो सकता है।

शब्दों का महत्त्व

देखिए 'अच्छी हिंदी' पृ. 110 :

"भाषा शब्दों से बनती है, इसलिए उसमें शब्दों का महत्त्व सबसे अधिक होता है।"

वाजपेयी जी की टिप्पणी 48 :

'सब से अधिक' महत्त्वपूर्ण है। भाषा यद्यपि शब्दों से ही बनती है, फिर भी उसमें शब्दों का महत्त्व सबसे अधिक होता है! खोआ दूध से ही बनता है; इसलिए उसमें दूध का ही महत्त्व सबसे अधिक है। इसी तरह अन्यत्र समझें।

इस टिप्पणी में कोई तथ्य नहीं है। खोए में दूध के अतिरिक्त और कुछ नहीं होता। किंतु यदि हम कहें कि 'मकान ईंटों से बनता है; इसलिए उसमें ईंटों का महत्त्व सबसे अधिक है।' तो ग़लत नहीं होगा क्योंकि मकान में ईंटों के अतिरिक्त चूना, सुर्ख़ी और लकड़ी भी होती है।

इसके अतिरिक्त मकान का नक़्शा किस प्रकार का है, सुर्ख़ी कैसी लगी है, लकड़ी साखू की है या सागौन की—इन बातों का भी महत्त्व है। मकान केवल ईंटों का संग्रह नहीं होता।

भाषा में केवल शब्द ही नहीं होते, विराम-चिह्न भी होते हैं। इसके अतिरिक्त भाषा केवल एक शब्द-संग्रह नहीं है। उसमें शब्द-विन्यास होता है जो भाषा की प्रकृति के अनुसार होना चाहिए। अतएव यह कहना सर्वथा सत्य और उपयुक्त है कि "भाषा शब्दों से बनती है, इसलिए उसमें शब्दों का महत्त्व सबसे अधिक है।"

वाजपेयी जी की अगली टिप्पणी वर्माजी के इस कथन पर है :

"जो शब्द पर्याय माने जाते हैं, **उनमें भी प्रायः भाव की दृष्टि से** कुछ न कुछ अंतर होता ही है।"

वाजपेयी जी लिखते हैं :

"यहाँ भाव के साथ प्रायः का प्रयोग महत्त्वपूर्ण है। अंतर और तरह से भी होता है, परंतु भाव की दृष्टि से तो प्रायः होता ही है। और किस किस दृष्टि से अंतर होता है, सो स्वयं सोचिये।"

वाजपेयी जी वर्माजी के वाक्य का अर्थ ही नहीं समझे हैं। तनिक इस वाक्य पर विचार कीजिए :

"जो शब्द पर्याय माने जाते हैं, **उनमें प्रायः भाव की दृष्टि से भी** कुछ न कुछ अंतर होता ही है।"

इस वाक्य और वर्माजी के वाक्य में थोड़ा सा अंतर है। वर्माजी के वाक्य का अर्थ है :

"सामान्यतः दो विभिन्न शब्दों में भाव की दृष्टि से अंतर हुआ ही करता है, किंतु जो शब्द पर्यायवाची माने जाते हैं, उनमें भी प्रायः भाव की दृष्टि से कुछ न कुछ अंतर होता ही है।"

वायु और जल एक-दूसरे से बिल्कुल भिन्न हैं; उनमें तो अंतर है ही। किंतु लोग 'वायु' और 'पवन' को पर्यायवाची मानते हैं। उनमें भी भाव की दृष्टि से कुछ-न-कुछ अंतर है।

जो दूसरा वाक्य हमने ऊपर लिखा है, उस पर वाजपेयी जी की टिप्पणी ठीक बैठती।

सा

'सा' एक अव्यय है जो सामान्यतः सादृश्य या समानधर्मिता निरूपित करता है और 'के जैसा' का अर्थ व्यक्त करता है; जैसे :

वह तो मज़दूर सा लग रहा है।

अव्यय होने पर भी इसमें विकार होता है। इसके तीन रूप हैं—सा सी से यह कहीं विशेषण और कहीं क्रिया-विशेषण का काम देता है।

(1) जब 'सा' किसी संज्ञा या सर्वनाम के साथ आता है, तब तो प्रायः यह ऐसे सादृश्य का निरूपण करता है जिसका ज्ञान हमें इंद्रियों द्वारा होता है, जैसे :

जान सा प्यारा
कमल सी आँखें
वह राम सा लगता है
तमाशा सा
ऐसा = इस जैसा, इस सा
वैसा = उस जैसा, उस सा

जैसा = जिस सा

इन सभी वाक्यों में सादृश्य का भाव है जो आँखों द्वारा प्राप्त होता है। यों प्रसंग में अन्य इंद्रियों का भी अभिदेश हो सकता है।

किंतु निम्नलिखित उदाहरणों में उक्त ज्ञान सदैव आँखों को छोड़कर, अन्य इंद्रियों द्वारा ही होता है :

बरफ़ सा ठंडा
उसकी बात मुझे तीर सी लगी
मेरी गाँठ फोड़े सी दुख रही है
मुझे नींद सी आने लगी
मेरी तो जान सी निकल गई

वर्माजी 'शब्दार्थ-दर्शन' के पृ. 614 पर लिखते हैं :

फिर, जब हम कहते हैं कि
वहाँ बैठे बैठे मुझे नींद सी आने लगी,
या
वह मरियल सा टट्टू ले आया,

तब यह पूरे सादृश्य का वाचक नहीं रह जाता, बल्कि सादृश्य होने पर भी आंशिक अल्पता, न्यूनता या हीनता वाले भाव का सूचक हो जाता है।

सच पूछिए तो सादृश्य में सदैव अल्पता या न्यूनता वाला भाव विद्यमान रहता है। जब हम कहते हैं कि

तुम्हारा हाथ बरफ़ सा ठंडा है,

तो क्या वास्तव में हाथ बरफ़ जैसा ठंडा होता है? कदापि नहीं।

इसी प्रकार जब हम कहते हैं कि 'मुझे नींद सी आ रही है' तो अर्थ यह होता है कि मेरी दशा पूर्ण रूप से तो नहीं, वरन् बहुत कुछ नींद आने जैसी है। एक प्रयोग यह भी है :

घर सा घर भी तो नहीं है।

इसका अर्थ भी वही है : घर जैसा घर भी नहीं है, अर्थात् जैसा घर होना चाहिए, वैसा नहीं है।

(2) जब 'सा' किसी ऐसे विशेषण के साथ प्रयुक्त होता है जिसके द्वारा द्योतित गुण की नाप-जोख नहीं हो सकती, तब भी यह सादृश्य ही निरूपित करता है, और थोड़ा-सा या थोड़ा-थोड़ा का आशय व्यक्त करता है, जैसे :

कड़ुआ सा मुँह
रुआँसा सा चेहरा
नशीली सी आँखें
उनींदी सी आँखें

अपना सा मुँह लेकर लौट आया

मरियल सा टट्टू

इनमें से कुछ दृष्टांतों में तो सादृश्य आँखों द्वारा पहचाना जा सकता है, शेष में नहीं।

(३) जब 'सा' किसी कृदंत के साथ आता है, तब भी सादृश्य का ही द्योतन करता है और 'लगभग' या बहुत कुछ का आशय व्यक्त करता है। 'कटा सा कोट' का अर्थ है 'ऐसा कोट जो देखने में फटा सा लगे।' इसी प्रकार के प्रयोग हैं :

फटी फटी सी आँखें

पिटे से लौट आए

उड़ती उड़ती सी ख़बर

उड़ता हुआ सा बवंडर

बुझा सा दीपक

खाना-पीना छूटा ही सा है।

(4) जब 'सा' किसी ऐसे विशेषण के साथ प्रयुक्त होता है जिसके द्वारा निरूपित गुण की नाप, जोख अथवा तुलना हो सके तो यह उक्त गुण पर ज़ोर देता है और 'कुछ' या 'कुछ-कुछ' का आशय व्यक्त करता है।

जब हम कहते हैं कि

उसका मकान छोटा है,

तो यह साधारण कथन है। किंतु जब हम कहते हैं कि

उसका मकान छोटा-सा है।

तो हम मकान के छोटेपन पर विशेष रूप से किसी का ध्यान आकृष्ट करना चाहते हैं। इसी प्रकार के प्रयोग हैं :

सीधी सी बात

हलका सा बुख़ार

नन्हा सा पौधा

ठिगना सा आदमी

छोटा सा परिवार

अच्छा सा दिन

अच्छा सा नाम

बढ़िया सी कहानी

छोटी सी गुड़िया

'छोटा आदमी' का अर्थ है 'निम्न वर्ग का व्यक्ति', जैसे 'रिक्शा वाला, बीड़ी वाला।' किंतु 'छोटा सा आदमी' का अर्थ है 'आकार में छोटा व्यक्ति'।

इसी प्रकार प्रयोग से उपरिलिखित जैसे कुछ वाक्यों में कुछ नई विवक्षाएँ भी समाविष्ट हो जाती हैं। 'छोटी बात' का अर्थ है 'अनुचित बात, जो बात मर्यादा के

अनुकूल न हो।' किंतु 'छोटी सी बात' का अर्थ है 'ऐसी बात जिसका कोई महत्त्व न हो।'

वर्माजी ने 'अच्छी हिंदी' के पृ. 188, 189 पर लिखा है :

(1) "मुझे तुम अपना छोटा-सा भाई समझो।"

इसमें 'सा' का अशुद्ध प्रयोग हुआ है।

(2) "वह एक छोटा-सा राज्य था।"

से सूचित होता है कि 'वह राज्य तो था, पर छोटा था।' पर

'वह एक छोटा-सा राज्य था'

का अर्थ होगा :

वह एक छोटे राज्य के जैसा था।

कदाचित वर्माजी का यह मतलब है कि 'वह राज्य तो था ही नहीं, छोटे राज्य जैसा अवश्य था।'

यह बातें हमारे गले नहीं उतरतीं। हमारे विचार में उपर्युक्त दोनों उदाहरणों में 'सा' का प्रयोग छोटेपन पर ज़ोर देने के लिए ही हुआ है, और कुछ नहीं।

(5) जब 'सा' किसी अनिश्चित परिमाणवाची विशेषण के साथ प्रयुक्त होता है तब भी तत्संबंधी गुण पर ज़ोर देने के लिए ही होता है।

उसके पास बहुत धन है

और

उसके पास बहुत-सा धन है

इन दोनों वाक्यों का अर्थ एक ही है। केवल पिछले वाक्य में धन की बहुलता पर ज़ोर बढ़ गया है।

इसी प्रकार के प्रयोग हैं :

थोड़े से लोग

बहुत सी बातें

ढेर सा नमक

मुँह इतना सा निकल आया

ध्यान देने की एक बात यह है कि 'सा' कभी निश्चित परिमाणवाची विशेषणों के साथ प्रयुक्त नहीं होता। हम यह कभी नहीं कहेंगे कि 'वहाँ, दस-से आदमी थे', या 'यह 5 किलो सा दूध है।'

(6) कभी-कभी किसी अव्यय में 'सा' लगाकर उससे विशेषण का काम लिया जाता है, जैसे :

ज़रा सी चीनी

तनिक सी बात

ऐसे पदों में सा-युक्त अव्यय का अर्थ है 'परिमाण में अल्प मात्रा का।'

(7) वर्माजी लिखते हैं कि कहीं-कहीं 'सा' निश्चयात्मक भाव का सूचक होता है, जैसे :

इनमें से तुम कौन-सा लोगे?

यहाँ वर्माजी ने शब्दों का चुनाव बढ़िया नहीं किया है। वास्तव में 'कौन-सा' का प्रयोग निश्चित रूप से जानकारी प्राप्त करने के लिए होता है। 'कौन-सा' का इंगित है :

'दिए या प्रस्तुत या उल्लिखित में से अभिप्रेत', जैसे :

तुम कौन-सी पुस्तक लोगे?—शिवचंद्र द्वारा लिखित।

तुम कौन-सा कपड़ा चाहते हो? लाल धारी वाला।

कौन-सा अख़बार लाऊँ? 12 ता. वाला।

प्रश्न में जिज्ञासा रहती है, उत्तर में निश्चय। आगे चलकर वर्माजी लिखते हैं :

यहाँ कौन कमी है?

इस वाक्य में 'कौन' का अर्थ है 'कौन कहे कि कुछ?'

अपने तर्क का विस्तार करते हुए वर्माजी इस निष्कर्ष पर पहुँचते हैं कि

"अब मैं वहाँ कौन-सा मुँह लेकर जाऊँ"

में 'कौन-सा' का प्रयोग अशुद्ध है, क्योंकि मेरे पास एक ही तो मुँह है। यदि कई मुँह होते तब यह प्रश्न सार्थक होता कि 'कौन-सा मुँह लेकर जाऊँ?'

वर्माजी के विचार में उपर्युक्त वाक्य होना चाहिए :

कौन मुँह लेकर जाऊँ?

मान लीजिए जिस व्यक्ति को हमने 12 ता. का अख़बार लाने के लिए भेजा है, वह वहाँ जाकर देखता है कि कोई अख़बार है ही नहीं। तो वह कहेगा :

"यहाँ तो कोई अख़बार है ही नहीं, लाऊँ कौन-सा?"

यह सर्वथा शुद्ध प्रयोग है। इसी प्रकार "कौन-सा मुँह लेकर जाऊँ?" का अर्थ होगा :

"मेरा असली मुँह तो दिखाने योग्य रहा नहीं। कोई दूसरा मुँह मेरे पास है नहीं, अतः कौन-सा मुँह लेकर जाऊँ?"

और वर्माजी की उक्ति के अनुसार ही यदि

कौन मुँह लेकर जाऊँ?

का अर्थ लगाया जाए :

कौन कहे कि कुछ मुँह लेकर जाऊँ?

तो क्या मतलब निकलेगा? कुछ भी नहीं! अतएव, उपरिलिखित उदाहरण में 'कौन-सा' का प्रयोग बिल्कुल ठीक है।

इसी प्रकार, कैसा=किस सा? किस प्रकार का?

उ. आज जी कैसा है?

कैसी बातें करते हो?

हमारे विचार में कहीं-कहीं पर 'कौन' का प्रयोग बिल्कुल नाहक अर्थ में होता है, जैसे :

कौन कमी है?=कौन सी चीज़ की कमी है=किसी चीज़ की कमी नहीं है।

मेरी कौन सुनता है?=मेरी बात कौन सा व्यक्ति सुनता है?=मेरी बात कोई नहीं सुनता

उसे पूछता ही कौन है?=उसे कोई नहीं पूछता।

से

'से' करण कारक और अपादान कारक का चिह्न है। इसे तृतीया और पंचमी विभक्ति कहते हैं।

'करण' में साधन का भाव होता है : उस साधन का जिसके द्वारा कोई कार्य सम्पादित होता है।

उ. (क) मैं क़लम से लिखता हूँ।

(ख) उसने खुरपी से घास छील दी।

(ग) साधुओं से शिक्षा लो।

(घ) उसे दुकान से 2 रुपए रोज़ मिलते हैं।

(ङ) जंगल में रोने से क्या लाभ?

पंचमी विभक्ति अपादान कारक की होती है। यह तब लगती है जब किसी वस्तु का किसी दूसरी वस्तु से पृथक् होने का भाव होता है।

उ. (क) बंदर पेड़ से कूदा।

(ख) गंगा हिमालय से निकली है।

(ग) यहाँ से वहाँ तक दौड़ जाओ।

(घ) घर से बाहर तो निकलो।

(ङ) उसने कड़ाही से दूध निकाल लिया।

(च) गेहूँ से चना अलग कर दो।

'से' का प्रयोग कभी-कभी कर्ता और कर्म कारकों में भी होता है।

उ. (क) उससे चला नहीं जाता (कर्ता)

(ख) मैं तुम्हीं से कह रहा हूँ (कर्म)

(ग) तुमसे इतना भी नहीं हुआ (कर्ता)

(घ) तुम किससे बात कर रही थीं? (कर्म)

'से' के और भी अनेक प्रयोग हैं जो किसी विशिष्ट कारक के अंतर्गत नहीं आते।

तुलना

(क) यह गेहूँ 5 सेर से कम है।
(ख) मोहन राम से बड़ा है।
(ग) हमारी छत तुम्हारी छत से ऊँची है।
(घ) आवश्यकता से अधिक लंबा भाषण।

आरंभ

(क) वह सोमवार से शुक्रवार तक बीमार रहा।
(ख) दस से सौ तक गिन तो जाओ।
(ग) क्या वह सवेरे से यहीं बैठा है?
(घ) आज से ऐसा मत करना।

लक्षण

(क) वह सूरत से तो सज्जन लगता है।
(ख) वह स्वभाव से ही ऐसी है।
(ग) ऊपर से साधु, अंदर से लम्पट।
(घ) वह नाम से 'रानी' है, जाति से धोबिन।

साथ

(क) पूरी सदैव सब्ज़ी से खाया करो।
(ख) मकान से मकान सटा हुआ है।
(ग) उस दुकानदार से सौदा पट गया।

'से' के ऐसे अनेकानेक प्रयोग हो सकते हैं। कुछ वैयाकरण इनमें से भी अधिकतर को 'अपादान कारक' के अंतर्गत ही समाविष्ट करते हैं।

'अच्छी हिंदी' के पृ. 183 पर वर्माजी लिखते हैं :

"प्रायः लोग 'से' का प्रयोग कर जाते हैं जहाँ किसी और विभक्ति की आवश्यकता होती है।"

ऐसे 'अशुद्ध' प्रयोगों के वर्माजी ने कई उदाहरण दिए हैं। हम यहाँ उनमें से एक पर ही विचार करेंगे :

"वह और काम से लगेगा।"

वर्माजी के विचार में यहाँ 'से' के बदले 'में' होना चाहिए। हम उनसे सहमत हैं। सामान्य स्थिति में 'में' ही होना चाहिए।

मान लीजिए हम नौकर के विषय में कह रहे हैं :

"वह झाड़ू दे चुका, बर्तन माँज चुका। अब किसी और काम में लगेगा।"
यहाँ 'में' का प्रयोग ठीक है। किंतु अब इस स्थिति पर विचार कीजिए :

"लड़के ने बर्तनों की दुकान तो छोड़ दी। अब किसी और काम से लगेगा।"
यहाँ 'से' के बदले 'में' नहीं आ सकता। 'में' का प्रयोग वहाँ होता है जहाँ कोई विशिष्ट कार्य के संपादन में व्यस्त होता है। स्थूल रूप से कह सकते हैं कि सामान्यतः 'में' तब प्रयुक्त होता है जब छोटे, मोटे अस्थायी कामों का अभिदेश होता है। 'से' का संबंध साधारणतः स्थायी (विशेषकर व्यावसायिक) कामों से होता है।

आगे वर्माजी कहते हैं :

कभी-कभी लोग उपयुक्त स्थान पर 'से' का प्रयोग न करके कोई और विभक्ति लगा देते हैं, जैसे :

"चीता क्रोध में भरकर शिकारी पर झपटा।"
वर्माजी के विचार में यहाँ 'में' के बदले 'से' होना चाहिए।

"चीता क्रोध से भरकर शिकारी पर झपटा।"
हमारे विचार में यह वाक्य अशुद्ध है। कदाचित् वर्माजी ने यह विचार इस ढंग के वाक्यों से लिया है :

वह दूध से लोटा भरकर ले गया।
किंतु दोनों वाक्यों में कोई समानता नहीं है। मानसिक स्थितियों के विषय में हम सदैव 'में' का प्रयोग करते हैं, जैसे :

वह आवेश में बैठा था।
तुम चिंता में बैठे थे।
मैं क्रोध में बैठा था।
वह बेहोशी में गालियाँ दे रहा होगा।
इस समय तुम उद्वेग में हो।
होश में आओ।

इस संबंध में निगमानंद जी कि टिप्पणी पठनीय है। राष्ट्र-भाषा का शुद्ध रूप के पृ. 29 पर आप लिखते हैं :

'क्रोध से कहा' का अर्थ है कि केवल कथन में, वाणी में क्रोध है।

'क्रोध में कहा' का अर्थ है कि मन में क्रोध है, वचन भले ही मीठा हो।

'क्रोध में भरकर कहा' का अर्थ है कि क्रोध तो है ही; उसने हाथ-पैर पटक कर अथवा गाली देकर लताड़ा। यहाँ तन, मन वचन—सबमें क्रोध है। जैसे :

"पति ने क्रोध से कहा कि 'तुम यहाँ से चली जाओ।'
पत्नी ने क्रोध में कहा, 'जी हाँ, अब मैं आपकी कौन होती हूँ?'
इस पर पति ने क्रोध में भरकर उसे धक्का दिया और लात जमाई।"
हम निगमानंद जी से सहमत नहीं हैं। हमारे विचार में ये दोनों वाक्य अशुद्ध हैं :

क्रोध से कहा
क्रोध में कहा
किंतु ये दोनों वाक्य शुद्ध हैं :
क्रोधपूर्वक कहा।
क्रोध में भरकर कहा।

निगमानंद जी ने जो व्याख्या 'क्रोध में भरकर कहा' की दी है उससे भी हम सहमत नहीं हैं। यह आवश्यक नहीं है कि 'तन, मन, वचन' सब में क्रोध हो। उनके उपरिलिखित अंतिम वाक्य के बदले ऐसा वाक्य भी उपयुक्त होगा :

"इस पर पति ने क्रोध में भरकर पत्नी से कहा, 'मेरे सामने से हट जाओ, वरना मार बैठूँगा।' "

'कहना' क्रिया के साथ 'से' की संगति बैठती है, किंतु 'होना' के साथ 'में' ही चलता है। उदाहरणत :

इस समय क्रोध में हो।
इस समय क्रोध में भरे बैठे हो।

● ● ●